はじめに

世の中に、経営やビジネスを論じた本は多い。しかし、「ビジネスを本当に成功させる極意」を教えてくれる本は…？　と問えば、いったい何冊が残るだろうか。

経営者やビジネスマンが必要とするものは、難解で抽象的な理論などではない。「確実に成功し、百パーセント繁栄する実践ノウハウ」。それがすべてのはずだ。すなわち、今の赤字をどうやって挽回するのか。どうしたら社員が一丸となるのか。いかにすれば、不況・好況に左右されない体質ができ、今の経済戦線を勝ち抜けるのか。正しい状況判断ができるのか…。その具体的な解決策こそが、ビジネス成功の極意といえるのではないだろうか。

そしてこうした実践問題の解決策は、実際に経済の修羅場をくぐってきた者にしか、編み出すことができない。

私は学者ではない。これまで幾つかの会社の経営に携わり、切り盛りしてきた経験があるだけだ。また同時に、経営コンサルティング会社「菱《びし》法律経済政治研究所」（以下、

験を経場を修羅も何度も。あるでもトンタルサンコ経営る、める務を長の所）す略と」研《びしけん》菱「

「菱研《びしけん》」と略す）の所長を務める、経営コンサルタントでもある。何度も修羅場を経験したし、他社の成功・失敗も数多く見てきた。その中で得たノウハウを、御同輩たる世の経営者諸氏に役立てていただきたく思い、執筆したのがこの『ビジネス成功極意』だ。

だから、本書で紹介したノウハウに、一つとして机上の空論はない。すべて、実際に私が試し、成功してきたものばかりであり、自信をもって皆様にお勧めできるものばかりだ。

皆様がこの本を活用されて、いままで以上の大飛躍を遂げ、大成功をおさめられることを心より願っている。私にとって、それに勝る喜びはない。

深見東州

ビジネス成功極意

目　次

第二章　イチロー効果に学ぶ『マネジメント原則』

第三章

国際進出のノウハウ

第四章

中小企業経営ワンポイント・レッスン

会社を建てる！ノウハウ

第五章

第六章　人は石垣、人は城のウソと真実

本文イラスト　アオシマ・チュウジ

●第一章●

「健康を売る極意」と「健康になる極意」

私の主宰する経営者の会には「タメカンセミナー」（現「菱研サクセスセミナー！」）という名前がついている。

英語？　発音のかんじからすると、フランス語？　なんて聞かれることもあるが、なに、ほんの軽い冗談でつけた名前である。何しろこの会は経営者やビジネスマンの役に立つと評判の会。つまり「ためになって感銘する」セミナー……略してタメカンセミナーというわけである。

このタメカンセミナーでは、毎回さまざまなゲスト講師を招いたうえで、最後に私が講義をする。ところが、私の講義の基準というのはあくまでも中小企業にあるから、ときとして、ゲスト講師にたてつくような内容にもなる。

ひそかに「いちゃもん所長」などと呼ばれているのではないかという気がしないでもないが、やはり、中小企業はあくまで中小企業であって、大企業のケーススタディを杓子定規に当てはめては、経営を誤ってしまう。だから最後に、中小企業の場合は違うんだということを、はっきり言うようにしているのだ。話は話として聞いて、役立つところはいただく。これが中小企業経営者の正しい姿である。

そんな中で、経営者の健康問題というのは、大企業・中小企業を問わず、わりあい共通した話題と言える。本章では、「経営に役立つ健康法」を掘り下げてみたい。

朝鮮人参は健康にいいか？

いったい健康とは何か。

それよりも前に、健康か否かを判断するのはいったい誰だろうか。

これは難しい問題である。

例えば仏壇屋さんに聞けば、体調が悪いのは仏壇が悪いからだと言うだろう。

墓相を研究している人ならば、墓相が悪いと言うに違いない。姓名判断の先生ならば、会社がうまくいかないのは、姓・名前が悪いからと言うし、気学の先生ならば、悪方位を侵したからいけないと言うだろう。四柱推命の先生のところでならば、きっと生まれながらの星が悪い。今、運が下がっていると言われるだろう。

これが整形外科で、

「顔が悪いからに決まってるじゃないか。そんなもの手術すればよくなる」

なんて言われたら、これは面白い。大脳研究所へ行って、

「頭が悪いから悪いんだ」

なんて言われたらもっと面白いが、いずれにせよ専門家というのは、ひとつの専門知識で、すべてを説明したがるものである。帰納的な方法である法則を発見すると、今度は逆に、あれにもこれにも、このように当てはまると演繹して、だからこれは正しいという論理を持ち出すものである。

ところが物事というのは、ひとつの論理だけで動いているわけではない。いろんな角度があるわけで、何かひとつが絶対とかオールマイティーということはあり得ない。ところ変われば品変わる、品が変われば名前が変わる、名前が変われば値段が変わる、値段が変われば購買数が変わるのが当たり前。健康だって同じこと。人の健康には風土や体質というのがあるわけで、ひとつの論理や方法ですべてを言い切ってしまうのは無理がある。

例えば有名な健康食品に朝鮮人参がある。

朝鮮人参の信奉者は多くて、人に勧めるときにこんなことを言う。

「歴史上の有名人はみな飲んでいるんです。秦の始皇帝、徳川家康、それにあの松下幸之助さんも飲んでいたんですよ。どうです、凄いでしょう？　それが朝鮮人参なんです」

と言われると、なるほど説得力がある。

しかし、ここでわかることは「朝鮮人参はいい」ということだけである。朝鮮人参さえ飲んでおけば絶対に病気にならないかというと、そうではない。今度は自然治癒力が大事なんだということになってくる。

歴史上の偉人たちは、朝鮮人参だけを飲んで、ほかのものを一切飲まなかったのだろうか。朝鮮人参を飲んだ人は長生きして、飲まない人は長生きしないのだろうか。泉重千代さんは百十何歳まで生きたが、朝鮮人参を飲んでいたか？　飲んではいなかったのだ。

世界で平均寿命が一番長い国は、実は日本である。女性は八三歳を超えており、男性も八〇歳近い。もしもそれが朝鮮人参のおかげだというのなら、なるほどこれは説得力があるだろう。しかし、日本人のほとんどは朝鮮人参を飲んだことはおろか、実物を見たことさえないだろう。

さらに、当然のことながら、朝鮮人参を一番よく飲むのは産出国・韓国の人々である。もしも韓国人の平均寿命が日本人よりも長いということであれば、なるほどそれも説得力がある。が、事実はそうではない。

目を転じて、日本という国の中で一番の長寿県は沖縄である。もしも沖縄県人が朝鮮人参を好んで飲むというのなら、それも説得力がある。だが、沖縄の人がみなさん朝鮮人参を飲んでいるとは聞いたことがない。

ヨーロッパならブルガリア、中央アジアならコーカサスが長寿地域として有名である。そうした国の長寿村を調査したところ、長生きしている人たちが好んで飲んでいるのはヨーグルトだったという話もある。

朝鮮人参でなくとも、長生きしている人や長寿の村があるわけだ。

つまり健康に関しては、ある食べ物が最高で唯一無二ということはあり得ない。その風土や土地にふさわしい、いい食べ物というのは当然あるだろうが、その中の何かひと

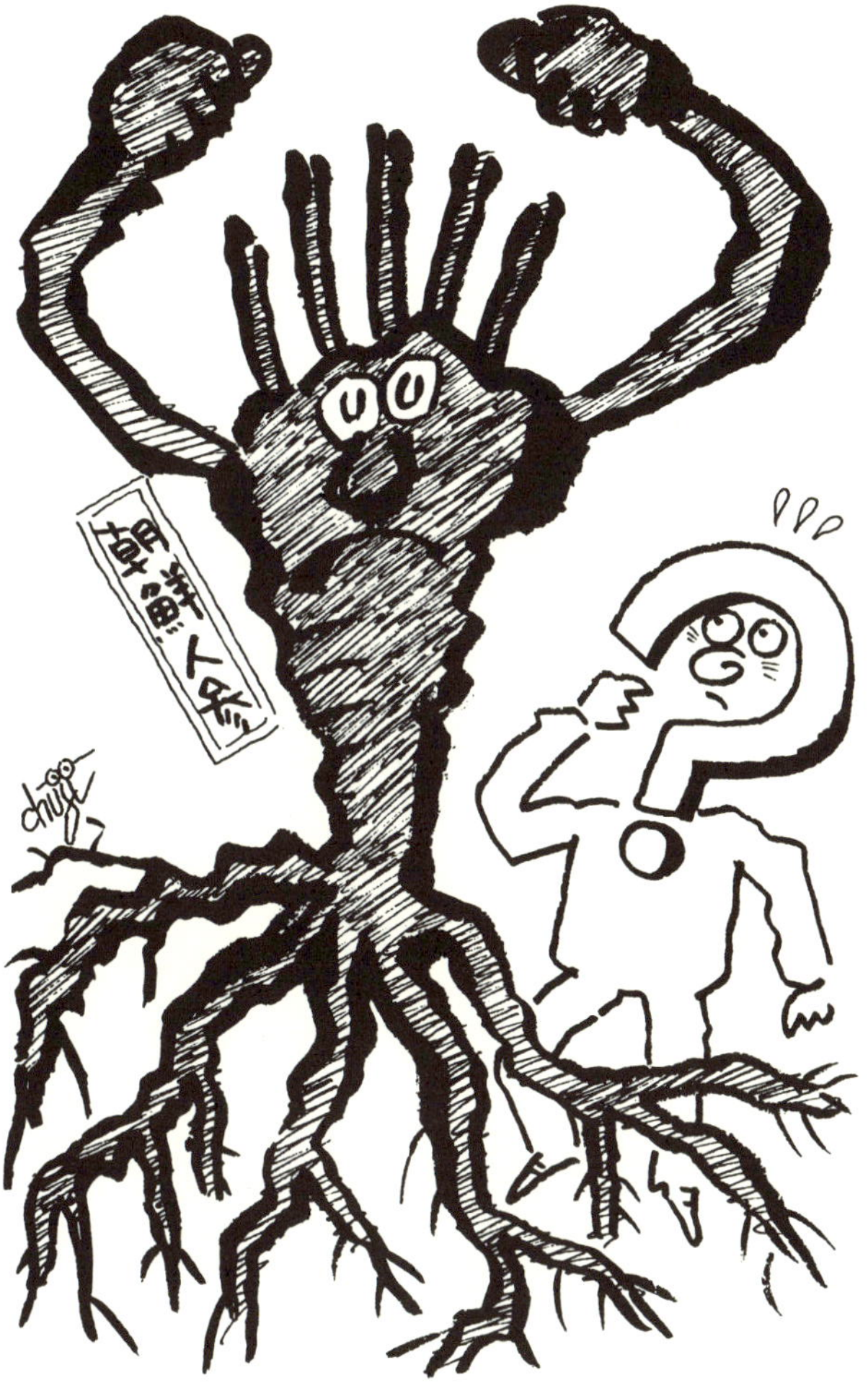

朝鮮人参は、本当に体にいいのだろうか!?

つがオールマイティーなんてことは嘘っぱちである。

健康食品のマーケティング

と、きつい書き方をしたが、私が言いたいのは「絶対」はないということである。長寿を全うできたのが朝鮮人参のおかげかどうか、それは松下幸之助さんや徳川家康に聞いてみればわかることである。何かしら効果はあるはずだが、ただひとつだけが「絶対」ということはない。

しかし、ものを売るという場合には話が変わってくる。もしもあなたが朝鮮人参ドリンクを作ったら、それは「絶対」と言わなくては決して売れないだろう。だから、マーケティングから言えば、これはまさに正しいことなのである。

「いい健康食品がたくさんあるけど、これもそここいいです」

なんて言っていては、一本も売れない。

「これが唯一無二なんだーっ！」

と声を大にして言わなくてはいけない。商品、製品は売らなくては話にならないのだ。もしも製品が良心的で不純物がなく、酸化防止剤もなく、精選されたものであれば、それは他に抜きんでて人々を幸せにする素晴らしい商品なのだから、よけいに「絶対だあ」と言うのは「正しい」ことなのである。

私自身、朝鮮人参を飲むのにやぶさかではない。効かないわけでもない。むしろよく効くもののひとつである。しかし、

「健康、健康、健康。あ、これは体に悪いんじゃないか？　これはよさそうだけど、これはどうなんだろう。心配だなあ」

などと、いつも神経質なまでに健康に気を使う人は、間違いなく早死にする。何と言っても、「健康を維持しなくてはいけない」というストレスが命を縮めるわけである。

大ヒット健康食品の秘密

ヒットした健康食品で「ＳＯＤ様食品」というのがある。

私が愛用しているメーカーはA社。ディストリビューターが全国に1万人ぐらいいるから、これは大ヒット商品である。そこで聞いた話だが、

「脂肪のとりすぎはいけないと言われますね。ところが四〇歳ころまでは、脂肪がたまっても体が若いから新陳代謝できるんです。脂肪の中でも酸化された『過酸化脂質』というのがありまして、それがなぜ悪いかと言うと、これは酸化物だから油本来の水をはじく力がなくなって血管や肌がただれやすくなってしまうのです。つまり健康にとって禍のもとは酸化物。それを処理していく力があれば問題はない。ところが四〇歳を過ぎると過酸化脂質がたまって、自然の治癒力、免疫力が弱くなってくるわけです」

そこでA社では、この酸化物を予防できるものとして、麹か何かを遠赤外線で処理したものを用いているという。それを飲むと、血液中の活性酸素を処分して過酸化脂質の生成を防いでくれるわけだ。

私も飲んでみたところ、飲んだ瞬間に体中かあーっと熱くなり、毛細血管の隅々にくまなく血液が行きわたるようで非常に調子がよかった。ところが、二袋目を三日目か四日目に飲んだら、何も感じない。

そこで、今は親しくしているその社長にわけを聞いた。

「それはですね、毛細血管のただれが取れて、すっと通るようになったからなんですよ。よかったじゃないですか」

これは売れる。「酸化物を予防するＳＯＤ様食品、最高だあ」と言い続けて、結局、販売特約店が一万軒。健康食品メーカーとして、立派な会社になった成功例である。なにしろその会社の人たちは、もうそれが最高だと信じている。健康になったらよかったじゃないかと言い切れるわけだ。

選りどりみどり！　明日ヒットする健康学説はどれ？

しかし話を健康に戻すと、その効果というのは、多分にメンタルなものである。「これがいい」と信じて飲むことで意思の力が強くなり、その結果、免疫力が出てくるわけだ。小麦胚芽だとか、酸化物を予防する働きがある食品、遠赤外線処理をした商品で成功しているところは、他にいくらもある。

例えばクロレラ。クロレラをやっているG会の人などは、もう何でもクロレラ。クロレラがオールマイティーだと信じている。アシタバをやっている人は何でもアシタバ。紅茶キノコブームのときには何でも紅茶キノコ。そして今はヨーグルトキノコ。

なぜこうなるのか。理由は簡単である。

何かひとつ、健康食品を飲んで効いたとする。ところが、体は次第にその食品になじんでしまって、効いたという実感が得られなくなる。つまり体が同化するのだ。そこへまた別の新しい健康食品を飲むと、先ほどの私の例のように、効いたという気がするわけである。その繰り返し。

健康食品を販売する人というのは、皆それぞれの論理、それぞれの説があって、それぞれにもっともらしくそのとおりなのだ。がしかし、結論から言うと、健康に関する栄養学ほどいいかげんなものはない。

典型的なのは卵である。

ほんの少し前まで、卵はコレステロールがたまるよくない食品と言われていた。ところがある日、突然世界が変わってしまった。今度は、

「卵は大いに食べよう。卵黄にはレシチンが含まれている。レシチンは体、とくに頭脳にいい。レシチンがコリンになり、コリンがアセチルコリンになり、そのアセチルコリンが脳細胞を作っていくのだ」

ということになった。実際、ぼけ老人の療法として、レシチン大量摂取療法というのがあるくらいだ。ちょっとぼけてきたな、頭が鈍いなという人は、レシチンを大量にとると頭がきゅっと冴えてくる。

健康食品とはいかなるものなのか、私もひととおり研究したのだが、時代の価値観が変わると、肯定と否定がコペルニクス的転回をするからびっくりしてしまう。なんともご都合主義の典型だが、事業のネタには事欠かない。

いくつか例をあげてみよう。

〈その1〉酸性・アルカリ性説。

体のペーハーを7・4か7・5にすると、血液の循環がよくなって末梢まで血液がいく。ところがペーハーが酸性に近くなって乳酸がたまると、赤血球の中のヘモグロビンが酸素を運べなくなって、毛細血管に血液が行かなくなる。だからアルカリ食品がいいという考え方が成り立つ。

〈その2〉 ビタミン説。

ビタミンEが不足すると老化する。つまりビタミンEこそが、若々しさの根源であるという説が基本。しかし、ビタミンEだけでは完全ではない。プラス、ビタミンCとカルシウムが必要。なぜならば、ただでさえストレスがたまる現代なのに、現代人は小魚を食べなくなって、カルシウムが不足している。そのため、よけいにイライラしている。現代病はストレスが一番悪いのだから、ビタミンE・Cとカルシウムをバランスよく飲むのがいいという説。

〈その3〉 菜食主義・玄米食主義説。

要するに肉はよくないという考え方である。

人間の体を作り、それを維持するのに必要なのはアミノ酸だということはご存じだろう。中でも一〇種類の必須アミノ酸というのが、人間には欠かすことのできないものである。そして、それぞれのアミノ酸には、それぞれ役割がある。

うち八種類のアミノ酸は体を維持する役割。いわばメンテナンスのアミノ酸であり、これはすべて、植物に含まれている。

あとの二種類は何かというと、成長をつかさどるアミノ酸である。そして、この二つは牛乳・肉といった動物性たんぱく質に含まれている。だから牛乳を飲んだり肉を食べると発育がよくなるわけだ。

しかし、成人してしまえば、もう発育なんかとまっているのだから、維持するほうのアミノ酸だけでいい。そして、この八種類のアミノ酸はすべて植物に含まれているのだから、成人は菜食のほうがいいんだという考え方である。

そこから菜食主義が出てきた。そして、植物の中でも玄米こそはバランスのとれた優れた食品だというので、今度は玄米食主義が出てきたわけである。といっても、玄米だけですべてを摂取できるわけではない。ビタミンとかカルシウムは、玄米だけでは摂取できないか、不足する。そこで玄米プラス海草類、ゴマ。これで理想の食品だということである。

経営者に玄米は向かない

玄米食信奉家というのは頑固者が多い。そこに菜食主義がプラスされると、これはもう手に負えない。

とにかく玄米。朝に玄米、夕方に玄米。政治が悪いのも、郵便ポストが赤いのも、すべて玄米を食べないせい。「小沢一郎も玄米食べたらいいのにねえ」と、何でも玄米である。

そして、顔色が死人のように青くて体温が低いのが特色である。

体をメンテナンスして疲労を回復するのはいいのだが、動物性のたんぱく質をとらないものだから、肌色が悪く体温も低いのだ。握手するとまるでフランケンシュタインと握手したような感じがする。

接待の席でも、みんながうまい肉だねえと食べているのを横目に、

「いや、私は菜食主義で玄米しか食べません」

と、おにぎりを出して食べる。変人かと思われかねない話である。

こんなこと、経営者には絶対にできない。いや、絶対にしてはならない。社会性や協調性がなくなるし、なにより体温を犠牲にするのは避けるべきである。生きながらに死者の真似なんて感じになってしまうだろう。

ちょっとキツかったが、ここで断わっておくと、実は私自身も昔菜食主義を実行していた一人である。キツい言葉も、まあ経験者ゆえの実感こもった体験談と思って許していただきたい。

浮気性と健康の関係

このように、栄養学ほど諸説ふんぷんたるものはない。

あるときは肯定形、あるときは否定形。今、大きな病気というのは、運動不足とストレスからくるというのがほぼ定説のようだが、これだっていつひっくり返るかわからない。

健康に関する諸説というのは、それぞれ、それなりに納得できるのだが、栄養学が進歩してくると新たな発見があって、説が変わってしまう。それこそ一〇万年ぐらいたってみないと、結論が出ないのではないだろうか。だから、ひとつの医学、ひとつの食品、ひとつのもので絶対だという考え方は、決して科学的でもなく、知的でもないと思う。

そうだなと感じたもの、自分の体質に合うもの、いろいろ実験して肌で合うものを選べばいいことである。人は人、私は私なのだ。

その点、漢方、東洋医学というのは実に合理的である。

東洋医学では、人それぞれの体質をまず読む。

陰の体質の陽だとか、陽の体質の陰だとか、水分がもともと多い体質だとか、いろんな先天の体質を読む。さらに年齢、外傷・内傷・病気の後遺症、もともと弱い部分なども含めた、一人ひとりの全体像（証という）を踏まえて、処方していくのだ。医学に関して言えば、この姿勢が一番合理的である。

その東洋医学にいかずに健康食品にいく人というのは浮気性である。健康食品ほど、あれこれと浮気しやすいものもないのだ。異性で浮気する人は、健康食品ではその一〇倍浮気するだろう。

それが悪いと言うのではない。何より、ひとつをかたくなにいくのがいいとは限らないのだから。しかし、本質を踏まえて貫く場合は、それは正しいのだ。そういうことがわかったうえで、自分の体質に合っていたら続ければいい。人は人、私は私だといろいろ試して、自分の体質に一番合っていると思ったら、それを信じて続けていけば、効くわけである。

スピリチュアル・ワールドと健康

「医学的」という言葉は、あまり信じないほうがいい。

人間というのは、やはり魂、意識そして肉体の三つが複合的にあるものであって、肉体だけを切り離して語ることはできない。「医学的に言うと」なんて聞くと説得力がありそうだが、これは偏りである。

「医学的」という言葉では説明しきれないことはいくらもある。

「医学的には死んでいるはずなのに、なぜ生きているんだ」

「医学的には相当悪いのに、何か元気だ」

「医学的に問題がなく、本人も意気軒昂なのに、何であの人のやることはうまくいかなくて、顔があんなに引きつっているのか」

医学的に一応の説明はできても、それでも納得できない部分がある。医学というのは、やはり「ひとつ」なのだ。

自分の意識（魂・心）の持ち方がある。肉体のコンディションがある。そして、ご先祖さんだとかたたり霊だとか、目に見えない霊界、スピリチュアル・ワールドもしっかりとある。「科学的」には立証されていなくとも、これはやはりあるのだ。これらをバランスよく見ていく必要がある。

霊などと言うと、何をバカな、「科学的じゃない」と思う方もあるだろう。しかしこの「科学的」ということほど非科学的なこともない。

人類史が始まって以来いまだに、神様がいるということを証明した科学者はいない。しかし、神様がいないということを証明した科学者もまたいない。だから、正しい科学的な立場というのは、神様はいるかもしれないし、いないかもしれないという立場なのだ。

　これをサイエンティフィック・ウェル・シンキングと言う。科学的なものの考え方というのは、合理性を追求していく。その大もとになったのがデカルトである。

「我思う。故に我あり」

　これが始まり。あのキリスト教暗黒時代、宗教ドグマの時代、世界は平らだという世界観を誰も疑わない時代である。その時代に、疑いもなく確かなものは、考えている自分だけだとデカルトは言い切った。つまり、他のことはすべて疑う。言い換えれば宗教ドグマにおちいって、盲目的にあるとかないとか信じ込むのはやめようと『方法序説』で言ったわけだ。これは革命的なことである。

「我思う。故に我あり」

　これが科学の方法論となり、近代的な哲学手法になった。しかし同時に、

「我あり。故に神あり」

　とも言っている。デカルトも神を信じていたわけだ。つまり、科学的なものの見方の本家本元の本来から考えてみれば、科学とスピリチュアル・ワールドとのバランスをや

はり言っている。理解できないから否定するというのは、非科学的な態度なのだ。

健康と意識の明るい関係

これが神道の国、日本になると、いいものはいいじゃないか、とりあえずやってみようということになる。これが健康に関する考え方の原則である。相対的なものの見方をするのである。

お医者さんにかかれば何でも医学的に言うものだ。薬局のおじさんに言わせれば何でも薬学的に言う。医学的にはそうかもしれない、薬学的にはそうかもしれない。けれど、他の要素も考えなくてはいけない。

医学・薬学があつかうのは物理的な要素の肉体である。そして、この肉体と密接にして不可分なのが意識の世界、心の世界。そして心の世界に大きく関わるのが霊の世界である。心が明るい人は体も元気。医学的・薬学的に言えば、ストレスがたまらないから体が健やかになっていく。

いつも明るい人というのは、明るいエネルギーと波長を持っている。なぜなら、明るくていい霊界にいる先祖霊や仏様に守られており、次々にいい霊がバックアップして、肉体にいい影響を与える。そして健康を保つ。

「わかっちゃいるけど暗くなるんだ」

というのは、何かの霊が来ていて、究極の真っ暗な霊界にいるご先祖が「何とかしてくれ」と心に影響をおよぼしているケースである。明るい心の人なのに、明るくあるべく努力してもなかなかうまくいかない。

こういうときには、究極の真っ暗な霊をきれいにする。先祖霊を救済したり、たたり霊を救済すると、心の努力をしなくても霊界から明るい気が来る。何となくほがらかになり、浮き浮きするわけだ。

肉体の鍛錬といい霊

以前に私の本で紹介したが、一家五人のうち四人までが、交通事故、がん、変死、轢死で、若いうちに亡くなった家族がある。遺されたひとりもさぞかしと思いきや、その人だけは元気、元気。

何しろ空手八段の肉体を究極までトレーニングしているから、たたりの霊も恐ろしくて近寄れないのだ。徹底して肉体を錬磨している人というのは、それだけ意志力も強く、自然にたたりの霊をはね返しているのである。

どこか優しくて信心深くて「ご先祖様が……」なんて言っているおばさんのほうがたたりやすい、かかりやすいからそっちへ行くわけである。信心深くて、先祖供養するおばさんが、あちこちがぐあいが悪いと言うのはそのせいである。供養も、あまり過度なのはよくないわけだ。

肉体を錬磨すれば、心がいつもほがらかで明るい。だから悪い霊を呼ばずに、いい霊を呼ぶ。逆に心を限りなく鍛えれば、肉体も霊界もついてくる。霊的世界を限りなく鍛えれば、心も肉体もすばらしくなっていく。三つは関連づいているのだから、どこかを思いっきり極めたら、他もついてくるのである。

松下幸之助はこうして死の恐怖を乗り越えた

問題なのは、全部中途半端というやつだ。

先祖霊はぐちゃぐちゃ、心はさみだれて意志も信念もなく、体はでぶでぶの四段腹か五段腹。こういう人間は、もう初めからだめ。こういう話にならない人間をＢＣマンという。紀元前の人間。文明文化が現れる以前の方。ネアンデルタール人やシナントロプス・ペキネンシスのような方。むしろストレスがなく、肉体をいつも鍛えていたぶん、原人のほうが健やかかもしれない。

中途半端と言えば、松下幸之助氏にこういう話がある。

松下幸之助氏は、三人兄弟の三番目。長兄も次兄も結核で亡くなっている。そのせいかどうか、仕事を始めた二〇代で自分も肺結核になってしまった。当時、結核は不治の病である。「結核は医学では治らない。自然治癒力、免疫力が必要だ」とされていた。そこで患者は転地療法と言って、温泉へ行ったり、栄養のある物を食べたり、とにかく体力をつけようとしたのである。

松下幸之助も医者に「何カ月か仕事をやめて、転地療法をしなさい」と言われたのだが、医者の言うことを聞いて転地療法をした長兄、次兄は亡くなっている。「転地療法したからといって治る見込みはない。長兄、次兄がそうであったように、自分も死ぬだろう。同じ死ぬのなら、仕事をしながら死んでいこう」と決心したわけである。まず転地療法するほどの金はない。転地療法している間は仕事ができないから、経済的にも無理だ。これは天が自分に定めた運命だから、死ぬのなら仕事しながら死んでいこうと腹を決めた。そうしたら、結核は自然のうちに治ってしまったのだ。

死を宣告されたのに、仕事に打ちこんで死の恐怖を乗り越えたわけだ。

何回も何回も生死の境、もうこれでだめかというようなときを乗り越えて、乗り越えて、あるひとつの線を乗り越えたら長寿を全うする。

以前、私の主宰するシンポジウムに出ていただいた中村武彦先生も、一線を乗り越えた一人である。

親兄弟全て、病気で早死にして、天涯孤独であった。だから自分も早死にするものだと思っていらしたのが、いま八一歳（当時）でかくしゃくたるものである。ご自分のお子さんたちと戸隠神社へ参拝された折、大変な道のりを息も切らさずに往復されたそうである。一緒に行った方々は翌日足腰が立たずに寝込んだというのに、八一歳のお父さんは全く平気で、朝から仕事していらっしゃったという。

この中村先生と松下幸之助との共通項は何か。

志すところがあり、不屈の信念と実行力をもって貫き通していることである。

財界トップ、政界トップには長命の人が多い。故福田赳夫さんなんかは、群馬の乾物と言われながらも長生きした。中曾根さんも、そのうちに何かの乾燥野菜に似てくるかもしれない。

政治でも事業でも、自分はこうなんだという強い志、大いなる志があって貫くから、東大にも通り、官僚の世界でも出世し、政治の世界でも生き抜いていくのである。意志力の強い人には体がついてくる。

意志力の強い人には、体力がついてくる

気をつけろ！　定年二年で死ぬ確率

逆に二番目か三番目か、取締役部長といった、志すところを絶えず上から打ち砕かれて忍耐する人は、やはりストレスがたまるのか、長生きできない。上司のおかげで過労死することだってある。上司＝お殿様はやりたい放題、言いたい放題。その殿様の身がわりになって家老は死ぬ。家老死なんて……しかし真面目な話、こういう人が最もストレスがたまる。それでも、在職中はまだいい。定年退職後一年から二年で死ぬ人がなんとも多いのだ。日本人の死亡率ナンバーワンの時期である。

なぜだろうか？　これはやはり、ほっとしてドドッとくるのだ。

「会社へ行かなきゃいかん……眠いな、嫌だな、遊びたいなあ、休みたいなあ、上司を殴りたいなあ……いやいや家族のためだ。退職金ももらわなきゃいかんし……やっぱり出世もしたい。あいつには負けたくない。ゴルフだってあいつには勝ってるし、出世でも負けるかあ」

在職中は、気持ちが左右に揺れ動いても、えいやあっと意志の力で乗り越えて会社へ行く。志がある緊張感というのが、人間の体力や体に影響力を持つわけだ。人体というのは、無尽蔵の可能性と力を秘めているものである。火事場のばか力というが、実は日々ばか力を出している。毎日、火事だあというつもりの緊張。

「いや、そんなこと言わなくても、うちの会社はそうですよ」

と言うかもしれないが、火の車だという会社でも、ぐわーっと緊張していると、

「ああ、だめだあ」と思っても、

「それどころじゃない、何とかしなければ、月末どうするか」

「何かちょっとやる気がしない。腎臓があれだから」と思っても、

「とりあえず月末の支払いをやってから腎臓病になれ」

と。そうしたら、とりあえずもつ。ほっとしたら、これはドドッとくる。

長い間、借家・アパート暮らしだったのが、念願の持ち家ができたらとたんに死んだなんてケースはその典型である。究極の理想が持ち家だという場合、この一事で志が全部成就されてしまう。緊張感がなくなって、自宅を建てた直後にポックリ逝くケースは案外多いのだ。これを越えるには、家を持つことに一生をかけるような人生観をやめる

こと。自宅を持ったら、さらなる志を持たないと危険である。

人間には、適度な緊張感が必要だ。その緊張感がストレスになっていくのは、夢と希望とビジョン、志すものがないときである。そういったものがないときに、緊張とか緊迫がストレスになるのだ。夢と希望とロマンと志があれば、緊張も緊迫も雑多なことも、ちっともストレスではない。何があっても志を遂げるためのプロセスである。すべては人間としての精神の糧になる。

だから、一生懸命緊張し、志してきたのに、定年でもう来なくていいですよとなったときに、危険が忍び寄ってくるのだ。次なる志をぱっと持って頑張る人というのは元気なのだが、

「定年退職おめでとう。ご苦労さんでした」

と言われて「明日行くところがない」なんて寂しくなってしまう人は危険。志すところ、緊張がないがゆえに体がついてこなくなって、長年の疲労だとか、ぐあいの悪いところがどどーっと出てくる。

それまでは、やれ高血圧だ、やれ血糖値が高い、心臓と肝臓とついでに腎臓も弱って

いるだの、目がかすんでいるだの目が寄っているだの、少々悪いところがあってもどうってことなかったのが、定年退職後はどどどーんと出て、お亡くなりになるところまでいってしまうのだ。

健康はいいことか？　健康の本当の意味

成人病の代表格はガンだが、これを告知するかしないかというのは、本人の意志力次第だと私は思う。意志が強く「絶対に負けるか」という人には告知したほうがいい。逆に「私なんかもうだめだ」という人には知らせないほうがいい。その志すところが砕かれると、がんを克服する免疫力が弱くなる。

免疫力とは何なのか。

そもそも、人間はなにも健康になるために生まれてきたわけではない。魂を向上、進歩させ、あの世に帰っていくのが人間である。

三次元の社会に来た（生まれた）ときには肉体がひとつの衣だから、魂を進歩向上させるためにも、肉体は大切にして長生きした方がよい。だが、人生の本質は、健康で長生きすることではない。自らをどう向上させ、世に何を残したかである。世の中にも何もせずに孫だけはいっぱい作った……まあそれも意義があるだろう、日本の高齢化問題を思えば……しかしやはり、志すものがあり、得るものがあり、豊かになり、魂を向上させ、社会に何らかのものを残していくのが、有意義な人生である。そして健康はその媒介なのである。

志は長命の素

政界あるいは財界のトップに立っている人というのは、トップに立つまでの強い意志力と、志すものがあるから長生きをする。

書道の先生、茶道の先生、華道の先生、能の先生、日本舞踊の先生なども、みな長生きだ。七〇代、八〇代で現役という方も珍しくない。能楽師の場合、毎日運動しているからだという説がある。茶道の先生の場合は抹茶でビタミンを吸収するからだとか、立ったり座ったりの運動だという説がある。しかし、決してそれだけではありえない。自分の芸術を、より素晴らしい境地にしていこうという志があって、精進しているからこそである。茶道の先生ならば、看板があり、お茶会があり、研究会があり、このお弟子に対してはこうしようと考え、お茶会や何かに志すところがあり、日々適度な緊迫の中にいて、それを喜びと楽しみとしている。踊りの先生も同じである。

何か大いに志すところがあって、その志を遂げんがためにというときに、おのずと体はついてくるものなのである。

志すところがあってぴしっとしている人というのは、少し健康状態がよくなくても、蘇生するだけの力がある。それがない人というのは、どんな健康療法をやってもだめ。これが健康問題の中心。すなわちこれは魂の問題なのだ。

弁慶の立ち往生というのがあるが、これが魂の力である。サラリーマンもラッシュアワーにしょっちゅう立ち往生するが、これは人込みの力。弁慶は義経を守らねばと立ったまま死んだ。目には矢が刺さり、満身創痍になりながら、立ったままのご臨終である。立ったまま死ぬくらいだから、この意志力と志すところの強さというのはもの凄いものである。

それが、目に見えない超能力とか霊力というものの実態である。志、意志力が前向きで、発展的で明るく、夢と希望とビジョンとロマンを持っている人というのは、肉体の悪い部分を自分で回復するだけの力が出てくるのだ。

イメージトレーニングで超能力を呼ぶ

超能力講座というのがある。

そういう講座ではイメージトレーニングをよくやる。極端なところでは、針か千枚通しを手にぶすっと突き抜けるほど刺しても、全然痛くないというレベルにまでいくこともあるようだ。また有名な人で、電話帳を手で引き裂く人がいる。この人は半身不随だったのが、イメージトレーニングで歩けるようになったという。

その人の講座では、名刺で割ばしを切る練習をする。やってみたらわかるが、普通は名刺で割ばしなんか切れるものではない。ところがそこの訓練を受けると、見事に名刺で割ばしが真っ二つに切れるようになるのだ。

これもイメージトレーニングである。『北斗の拳』のケンシロウみたいに「もうすでに割ばしは割れている」と、割ばしが真っ二つに割れているイメージをありありと思い浮かべて、「割れたあ」と思ってやると、名刺で割ばしがすぱっと切れるのだ。何万円という金を出して、訓練を受けて、体得して、こうだ！　と思った者は名刺で割ばしを割れるようになる。

もうひとつ面白いのは、普通、風船に針を刺せばパーンと割れるが、風船に針を刺しても割れないというイメージをググッと凝結させてやると、風船に針を刺しても割れないのだ。プスッと音がしても風船は割れない。「いや、あそこにはセロテープが張ってあるんだ」と言う人もいるが、そんなことをしなくても実際に割れない。それほど、人間の持つイメージ、意志の力というのは、岩をも通す代物なのだ。

その講座では、そうした訓練をして、人の自信を回復させている。

と言っても、そこを卒業した人がどうなるかというと、宴会でその芸をやるだけのことなのだ……ほかにはあまり……全然役に立たない。なにしろ、割ばしなんて手で折ったら終わり。わざわざ名刺で切ることはない。

しかし、やるぞおという自信は出てくる。人間の志すところが極まればそういうこともできるんだという体験は大きい。会社の経営者が、志すところがあれば見事に成就するんだと信じることができれば、これは大きな武器だ。夢と希望を成就して、会社をこういうふうにしていくんだと思い定めれば、健康もついてくる。

なにしろ体が不自由だった人が歩けるようになり、千枚通しを刺しても血も出なくなるのだ。人間の体というのは、意志と想念に大きく影響されるものなのである。だから、強い志を持っていたら健康になる。

だいたい、胃潰瘍だったのがガンになったり、病気がちになったりというのは、会社が倒産したとか、不渡りを食らったとか、子供を亡くしたとか、税務署に入られてごっそりやられたといった事件があって、そのときからガクガクガクときて、病気がちになるというケースが多い。

みなさんの知り合いの中でも、何かショックなガクッとくるようなことが起きて、それが原因でガンになった、病気になった、調子悪くなったという人が多いはずである。

いつからガンになったのかをさかのぼっていくと、その直前に、失恋、倒産、不渡り、火事だとか、何か衝撃的なことがあって、ガクッときて、がん細胞が活発化したり、障害が出たりするものなのだ。

志して禅定

健康問題、志と言ってきたが、調子のいいときなら、誰でも思いどおりにいくのだから関係ないと言えば関係ない。志の大切さがわかるのは、例えば会社がまずくなったり、失恋したり離婚したり、騙されたり持ち逃げされたときである。

そんなときに志さえあれば、「ああ、こんなことを思ったら体によくないから考え直そう、明るく元気に生きよう」という気持ちになれるのである。

誰にでも不遇の時はある。私にだってあったが、不遇の時だと思わないだけである。

そんなときにも、何事もなかったように、明るく元気！　関西でのセミナーのときには、清《きよし》荒神でタコ焼きを食べて、

「タコ焼きというのは、多幸焼きだ。おおいに幸せになるんだあ」

なんて言っていた。

気にするとぐあいが悪くなるから、想念は明るく。何と言われようと、私が健康で前向きで明るくエネルギッシュで、神々様が守ってくだされば組織は安泰。反対に、ものごとがどんなに順調であっても、体のぐあいが悪くなってやる気がなくなったら、神々様もあっちへ帰ってしまい、たちまち運も悪くなって、すべてパアになってしまうだろう。

『老子』にこんな言葉がある。

「貴ぶに身を以て天下を為《おさ》むる者、若《すなわ》ち天下を寄すべし。愛するに身を以て天下を為むる者、若ち天下を託すべし。」

これはつまり、「世の中で何が一番大事か。どんな人間よりも、自分自身を大事にする人、自分のことしか考えない人、こういう人が上に立てば人々はおおいに幸せでこれ以上安泰なことはない」

という意味だ。一見すると、エゴイストが上になればいいとも見えるが、実はそうではない。

老子の対極にあるのは儒教。儒教の核心は仁義礼智信である。人々に対して仁、義を全うし、礼を尽くし、智をもって信（お互いの信頼関係）を保つことが大事なんだという考え方だ。

しかし、仁義礼智信だけでは「やらねば、せねば」とストレスがたまる。責任ある地位に就いたとき、あまりにも人のことを思うがために、もしも精神的、肉体的にだめになったら組織はパアである。いついかなるときにも「明るく元気でエネルギッシュで前向きで頑張ろう！」というパワーがなければ、頂点に立つ人間としての責任が全うできない。

そういう部分を老子は言っているのだ。

禅の世界で言えば、これは禅定である。

「外相にとらわれず、内定まりたる様、是、禅定なり」と。

二割のわがままで安定経営

すなわち経営者には、ある程度わがままが必要なのだ。

もちろん、わがまま放題にやっていいというものではない。社員が全部やめてしまわない程度のわがままである。一割から二割のわがまま。それを超えると社員がばらばらになって「もう社長にはついていけない」なんてことになるので、二割まで。その範囲でわがままにする。ゴルフもする、酒も飲む。美人に出会ったら「ウフフ」、女性経営者ならハンサムな人に「ウフフフフーン」と楽しい一時を持ってもいい。お茶会をするのもいいだろう。

なぜなら、ストレスをためると病気になるからである。「私が病気になっては、君たちのために責任を全うできないんだ」と言えばいい。これは経営者、上に立つ人間の責任である。

経営者があまりにも石部金吉、まじめで人格者で、宗教的倫理観も揺るぎがないという人だと、売り上げは上がらない。社長はものすごく素晴らしい人なのに、社員は沈んでいるなんてことになる。

そういう人は、とかく真実のことを真実の言い方しかできないものである。これは経営者としては困りもの。やはり少しぐらい「うわーっ」とはったりをかますくらいでなくては。ましてや銀行、取引先、販売先、仕入先には（嘘をついてはいけないが）限りなくこちら側の希望的観測に基づくところの拡大解釈を、お話しする程度はいいのだ。それがコマーシャル、営業である。事実に反する嘘はいけない。しかし拡大解釈はいい。

それが発展力というものである。例えば、同じように朝鮮人参ドリンクを売るのでも、薬学博士が専門知識や歴史的知識を駆使して宣伝なされば「よう言うわ、ようやるわあ」と言いながらも、人は試飲して申し込んでしまう。

世の中とはそうしたものであり、とくに会社の経営者はそうでなくてはいけない。自由闊達、伸びやかなる発想をもって、大いなる志を持つ。

三年倍掛け経営術

松下電気が年商二百億ぐらいのころ、松下幸之助は「五年後には年商八百億だあ」と言った。おそらくは霊感、直感だろうが、家電は何パーセントぐらい拡大しなきゃいけないと目標を計算したわけだ。そうしたら、それから四年目に年商八百億を達成してしまった。

みなさんも三年後の年商は今の年商を倍掛けする。年商一億なら二億、二億なら四億。五年後は今の年商の三倍という目標を持つことである。

「五年後、我が社の年商は三倍になる。志を持って君たち頑張れ。必ず達成できる。僕はそう思うんだ」

と自らも信じきり、ことあるごとに社員に言いまくるのだ。言うのはタダ。目標にするのはタダ。思うのは自由である。達成できなかったらそのときに考えればいい。ただし「おまえたちが悪い」と言ってはいけない。

「そういうこともあるだろう。マーケティングの分析が少し甘かったようだが、しかし、四年後にはこの目標の二倍いくんだ！」

と、絶えず目標を設定して、大きな志を持つ。

年商いくらにするというのは、実に手近な目標である。従業員数がどうだの、利益率がどうだのというよりも、まず売り上げ。それから業界シェア。そして、その目標を達成するにはどうすればいいかと考える。

機械ならば月間台数。食品ならば何万人に何食分食べていただくか。修理をするものなら何千件修理をするという、具体的な数値目標を設定して社員に言い、自分も書いて念じる。それだけでも明るく元気になる。そういう志、発展的な夢と希望とロマンを絶えず持って、絶対にそうするんだと信じて生きる。

中小企業の場合は定年退職はない。体が動かなくなり、歯がフガフガし、頭がぼけてきて動かなくなったら、もうこれはしようがないからフェードアウト。しかし経営者に定年退職はないのだから「八〇歳になったらこれ、九〇歳になったらあれ、一二〇歳になったらこれをやるんだあ」と考えればいいのだ。

目標設定が発展気運を呼び込み、奇跡を起こす

九〇歳肉食ジーサンのたぐいまれなる知性

一二〇歳というのは冗談でもなんでもない。

現に松下幸之助は自分の寿命が一六〇歳だと思っていた。

松下幸之助八〇歳のとき、ある禅のお坊さんから色紙をもらった。そうした色紙では、普通「傘寿《さんじゅ》」と書いて祝うものだが、そのお坊さんは「半寿」と書いた。つまり「松下さん、寿命が半分きましたね」ということである。八〇歳で半寿ということは、一六〇歳まで生きるということになる。

人の寿命なんてわかるはずがない。逆に言えばどう思ってもいいわけである。松下幸之助は感動して、そのまま乗っかって「僕の寿命は一六〇歳なんだ」と人に言い、本人も信じていたそうである。

こんな話もある。これは、サイデンステッカーさん、評論家の加瀬英明さん、それに私とで、「日本文化と神道」というテーマでシンポジウムを開いたときに聞いた話だ。

加瀬さんのお父上というのは、もと国連大使の加瀬俊一さんだが、ただ今九七歳(当時)。好物は何かというと、なんと肉である。菜食主義でもなければ、玄米食でもない。朝鮮人参でもアシタバでもない。九〇歳にして肉をバクバク食べて、煙草をスパスパ吸って、かつ意志力が強い。国連大使になった方だけあって、頭は全くぼけていない。目も鼻も耳もすべて完璧。

何が違うのだろうか?

これは知性が違うのだ。知性と志すところの集中力が違う。加瀬俊一さんはこうおっしゃった。「健康に留意しすぎる人は長生きしないみたいですね」と。もちろん「絶対に長生きするんだ」という志を持つことはいい。しかし、中小企業の経営者には、会社、事業という、社会で自己実現するための、いわばオモチャがあるではないか。志はそこに向かうべきである。

不思議なことに、長寿を全うする人というのは、連れも長生きするようである。どちらかが早く亡くなると、残されたほうも早く亡くなる傾向がある。長年連れ添ったご主人あるいは奥さんが亡くなると、ガクッときて、志がべこんと折れて、ディスカレッジして病気になって亡くなるのだ。

宇野千代さんみたいに「旦那が早死にしようと、私は断固この世に生きる」という強い志を持つ人は、九〇何歳になっても「近藤真彦が好きだわ」と、絶えずロマンに生きる。文学というものに志しているから、長く生きる。全部、その志についてくるのだ。志とは、心が指すところ。魂の力である。

なるほど食事も大事、健康食品も大事、医学も大事、運動も必要だろう。ただ、問題はそれが本質かどうかだ。本質は大いなる志、不動の信念と実行力、貫き通す意志なのである。

安心したとたんに死んだ徳川家康

徳川家康が死んだのは、江戸幕府を開き、大坂夏の陣、冬の陣が終わって豊臣家が滅び、さらに豊臣家残党と不満分子を根絶やしにして「これで安心だあ」と思ったその翌年である。

晩年はずっと写経していたというから、あるいは自分は地獄に落ちると思っていたのかもしれない。しかしそれでもなお、何としても豊臣家を根絶やしにしておかなければ、またもや戦国の動乱が起きてしまう。自分の目が黒いうちに禍根を断たなくてはいけないという志をずうっと持っていたのだろう。

当然、体もあっちこっちが悪くなったであろうし、くそ家康めという怨念霊もいて、霊障にもやられていただろう、生霊にもやられていただろう。呪いもかけられていただろう。だが、それ以上に強い志があったがために、それを乗り越えて元気だったわけだ。ところが、全部を処理してこれで大丈夫だと安心した翌年に亡くなった。すなわち志の定年退職の翌年である。「ああ、これで安心じゃ、やり遂げた」と思ったらガクッときた。志すところが終わり、魂の力も萎えてしまって、すっと逝く。歴史書を見て、家康がどういうことをした後に亡くなったか見ていただきたい。グーッと思い続けた家康の強い志、思いが、どれほど家康自身を強く支え続けていたのか、経営者はそこを見ていかなくてはいけない。

不渡りを食らおうと、従業員に持ち逃げされようと、労働組合が結成されようと、腹心の者に裏切られようと、嫁さんに逃げられようと、その後もらった嫁さんがもっとひどくて三回目もだめで四回目、いやいや七回目でヒットするかもしれないが、そんなことで自分の志すところを曇らせてみたり、歪めてみたり、折ってしまってはだめだということである。そこから不健康になり、病気になって死ぬ。これが健康問題の本質である。

乾の食物・坤の食物

この章の冒頭に触れた朝鮮人参について、少し説明をしておきたい。

朝鮮人参というのは根であり、大地の気をいっぱいに吸収している。易で言う乾坤の坤、天地の地のほうの食べ物である。

私も朝鮮人参を試したが、私の場合は松葉のほうが合う。松葉というのは、仙人がいつも噛《か》んでいるもので、血が清浄化され、霊的に敏感になって、いいものをキャッチできるのだ。

これに対して、朝鮮人参を飲むと……女性読者を考えると書きにくい……と言っても、もうここまで書いたらしようがない……朝鮮人参を飲む前だったら、目の前を女性が通っても「ああ」で終わりだったのが、朝鮮人参を飲んだら「あ、ああっ、うーん」になってしまうものだ。ある部分が急に元気になる。その部分が老化して寂しいと思っていらっしゃる方は、朝鮮人参を飲むと大いに下半身が丈夫になるだろう。確かにエネルギーが出てきて元気になる。

しかし私にとっては、この「あるところの元気」というのは邪魔なものなのである。六〇歳か七〇歳になって、必要ならば、朝鮮人参を飲んで元気になったぐらいでほどほどかもしれない。しかし、二〇代、三〇代、四〇代で朝鮮人参を飲んでは、副産物が多すぎるのではないだろうか。

仙人は朝鮮人参は飲まない。松葉を噛んでいる。松葉は、乾、上から来る、天から来るものを受けるものである。朝鮮人参のように土からとれたものは、現実的、物質的な肉体の生存本能、生命力というものをつかさどる働きである。そのことをわかって使えばいいわけだ。正しい処方せんを書く人は、朝鮮人参と何かを混ぜ合わせるようである。

朝鮮人参だけを飲み続けるとどうなるか。そっちのほうが大いに元気になる。最近枯れているという人には合っているが、もともと盛んな人が純度百パーセントのを飲んだら……少なくとも子どもが増える。それで家庭生活が円満になるという環境の人には吉だが、それは非常に困るという場合は、別なものを飲んだほうが無難である。

このように朝鮮人参の効能というのは素晴らしいものである。しかし、その部分だけがすべてではない。この章で書いたことをしっかりと把握して、経営者の健康とは何か、今いちど考えていただきたい。

●第二章●

イチロー効果に学ぶ『マネジメント原則』

中小企業五つの管理原則

あるセミナーで、実家の跡を継いで問屋をしたいという二〇代の女性の相談を受けた。

「先生、会社ってどうやって経営すればいいいんですか」

「?・?・?」

絶句した。たしかに経営についてのセミナーだったのだから、的外れな質問ではない。だがあまりに根本的な問いかけすぎて、一瞬とまどった。

とりあえず、会社経営の心構えといった根底のところからレクチャーしてみた。

しかし目の前のこの女性は、そんなところまで考えて質問したのではないようだ。どうやら、本当に経営についてまるで知らないらしいのだ。どんな二代目経営者になるのかと、人ごとながら少々不安である。そこでもう少しわかりやすい具体的な話をと、取引先の売り上げシェアについて話をした。

取引先を新規開拓した場合、帝国データバンクや商工リサーチなどの会社に調査を依頼する。その場合に、取引先が三〇パーセント以上がスーパーだといい点数がつかない。

いい信用状況ではないと判断される。

というのは、スーパーは一五日締めの月末払いとか、一五日サイドでキャッシュが入ってくるのだが、回転率が悪かったり在庫が多かったりすると、決算前に現金が振り込まれるかわりに現品が返品されてきたりするのだ。当然、入金予定は崩れる。

スーパー大手のD社にそれをやられて倒産したある会社の経営者は、頭がおかしくなってしまい、「D社のばか、D社のばか、D社のばか」と、心斎橋のビルディングの壁にチョークで毎日毎日書いていたらしい。

なにもD社だけではないが、D社が非常にワイルドであることも確かだ。ともあれ、少なくともスーパーが取引先の三〇パーセントになった場合は怖い。しかし、スーパーの取引のやり方というのもあって、こっちで返品くらったのをあっちへ納品するとか、決算期を少しずつずらしていって、こっちで来たやつはあっちへ回すという方法はある。ただ、スーパーだけを相手にする会社というのは、いつやられるかわからないという話をしたのだが、それも「はあ〜」とピンときていなかった。

その彼女を見ていて、中小企業経営者の後継問題は深刻であると痛感した。昔あった

「財界二世塾」ならぬ「あとはおまかせ塾」とでもいったものを、いずれ作らなくてはいけない。

現役経営者にはわかりきったことを講義することになるだろうが、確認の意味で、中小企業経営の管理五原則を書いておきたい。

中小企業管理五原則の優先順位

五つの管理とは、販売管理・労務管理・財務管理・資金調達・税金対策である。

中小企業の場合、第一番目にくるのは販売管理。

と言っても大前提は売り上げである。売り上げが上がらなくては話にならない。そして粗利がとれる品物でなくては意味がない。中小企業は自転車操業である。よくてモーターバイク操業。もっとよくてもオート三輪操業。大企業の四輪車、高級車、トラック操業のような安定感なぞない。ちょっと油断すると荒波に巻き込まれて潰れてしまう。とにかく売り上げを上げるということが大事である。粗利が取れて、しかも現金回収で

中小企業は、何より第一に販売力アップである！

あればなおいい。

次に財務管理と労務管理だが、これはどちらが優先か。どちらとも言えないが、財務管理のほうが少し大事かもしれない。

以前、私も関係するある会社で、こういうことがあった。責任者からの報告を聞く席でのことである。

「素晴らしいです。みな頑張っております。会社は本当にいいムードで、一丸となって頑張っております。売り上げが落ちて、赤字だという問題点はありますが、頑張っております」

これまた絶句。バラバラよりはいいが、会社というのは一丸となっていることが尊いわけではない。

「なるほど。えー、ひとつだけ、わずかな願いだけ、聞いてくれる？　あのですね、従業員がばらばらになってもいいです。いがみ合っていてもいいです。売り上げ上げて黒字にしてくれませんか」

「あ、今度の課題としてそれを頑張ります」

「頑張ってね。よかったですね、これからですよ」

労務管理も大切なことだが、社員一同一丸となって頑張っていても、これだけが先に来ては困るわけである。

財務管理だが、単なる金の流れ、資金の流れの管理というのでは、これはただの会計・経理。企業活動を行えば、当然、資金の流れが生じるが、それが経営に対してどうあるべきか、どこを切ってどこを増やすのかという会社の経営指針になった時点で、はじめて財務管理と言えるわけである。経理とか会計の狭い視野だけではだめなのだ。

これは労務管理にしても販売管理にしても同じことである。管理というのは、会社の方針がこうだというところまで結びついてこなくてはいけない。

銀行とのつきあい方

資金調達。要するに銀行対策である。

株式会社というのは、株式によって資金を調達するのが基本。つまり株式金融が基本である。銀行から借り入れるのが株式会社の基本なのではない（このことは、第四章でさらに詳しく述べたいと思う）。

株を発行し、あるいは社長さんが自己資金を調達して会社はスタートするが、売り上げが上がれば同時に経費がかかり、どうしても資金がショートする。そこで銀行から短期借入金を借りるわけである。

短期とは一年未満。返済しつつまた売り上げが上がってくれれば、当然また金が足りなくなる。そのときにどうやって資金を調達するかが問題。すなわち銀行に事業計画書を出して、バラ色に輝く決算書を作って、銀行から借りることになる。銀行も差し引きして見ているのだが、事業計画書と中身、返済がきちんとできていれば信頼されるものである。

銀行とのつきあい方というのは、私もなかなかわからなかった。なにしろ海千山千。銀行の建物があれほど美しいのは、中でやっていることがことだけに、美しく装わなくてはならないのだろう。しかも銀行というのは、まさに天気のときに使う雨傘。必要なときには貸さないで、いらないときに「どうぞ、どうぞ、借りてください」とくる。

どんなにニコニコしていても、これは危ないなと思ったら、ぱっと手のひらを返したようによそよそしくなる。断りの名人である。それだけに、銀行に勤めている人は大変だろう。心ある人は銀行になんか絶対勤めないのではないかと思える（いやいや、心ない人が銀行にいるという意味ではない）くらい、銀行業務は大変である。いわばインテレクチャルなソフィスティケイト高利貸し。

いかにひどい目に遭ったかおわかりだろう、私も。しかし、それを何とかしなければならない。銀行がなければ、会社はやはり動かない。だから、社長というのは資金調達をいかにするかという技術ができていなくてはいけないのだ。

そして税金対策。納めるべきものは納めるとして、いかに上手に合理的に納めていくのかを考えなくてはいけない。

以上、大きく分けて五つの原則。これが経営者がやらなくてはならない仕事である。五つのことをバランスよく一意専心する。

志が販売ばかりに偏ってはいけないし、労務だけでも財務だけでもいけない。資金調達がいくらうまくても、売り上げが上がらないのでは当然だめ。税金問題だけ詳しくてもやはりだめである。また、文科系人間は販売と労務、理科系人間は財務と資金という傾向があるが、それらを分離できるものではない。一意が五つ全部へ行き渡っていなくてはいけないのだ。

そのために必要な資質というのは、総合的な咀嚼力、読解力であり、一意が偏ることなく五つにいきわたるという訓練が必要である。これらについては、前著『「日本型」経営で大発展』にも別の角度から記したので、ぜひ参照されたい。

合理性を追求し過ぎて戦争に負けたアメリカ

さて、ここまではいわば基本だ。原則としては先に述べた五つの管理をやっていけば、経営者としてそこそこの合格点はつく。というより、曲がりなりにもこれらの管理がこなせる経営者でないと、従業員も安心してついて行けないだろう。

しかし「管理」という言葉はくせものである。「ムダなく合理的に、管理管理」と血まなこになって、こればかりで頭がいっぱいの管理頭になってしまうと、大事なものを見忘れることがある。

とかく人間というのは効率的にものを考えて無駄を省こうとする。ショートカットして目的に近づこうとするわけだが、社員も本人も生き物だから、合理性の追求ばかりしていると、必ず反動がやってくる。魂が叫ぶかストレスか、それまでの意識の反動で、合理性の追求は続けることができなくなる。息が詰まってしまうのだ。

そして今度は逆に、不合理なこと、間尺に合わないこと、経費の無駄使い、時間の無駄使い、とにかく意味のないことを始める。

例えばゴルフがそうだ。

よくよく考えてみれば、何打で穴に入れたって、別にそれがどうしたという話である。ゴルフの球を飛ばすということに関しては、合理的な理論があるけれど、ゴルフそのものには合理性なんかどこにもない。にもかかわらず、大のオトナが大枚はたいてゴルフクラブやゴルフ場会員権を買い、夢中になって山を歩き回っては穴に球を入れる。不合理の極み。

ルールを決めてゲームをして、

「やあスコアが何打だ」

「前よりもスコアが2上がった」

だからそれがどうした？　売り上げにどんな関係がある？　運動だというのなら、ただ歩けばいい。素振りでもしていたらいい。しかし、やっている人間にとっては、その不合理、意味がないようなことが楽しい。実は私も大好きだ。意味のないことに夢中になるというのがスポーツや遊びの原点なのである。

野球。球をポーンと打ってクルクル回って……これも意味なんかない。

もっと変なのは囲碁。白い石と黒い石を並べて、どっちの陣地が一個多いとか少ないとか……いかに勝つかということには、定石という合理的な理論があるかもしれないけれど、囲碁そのものには合理性なんかない。脳の訓練と言うのなら、コンピューターをいじるとか金勘定するとか、他にいくらも方法はある。別に囲碁や将棋でなくたって仕事で脳の訓練はできるはずだ。

要は気分転換なのである。

不合理なところがあるからこそ、人はそれを面白く感じたり楽しく感じたりするのだ。その結果、気分転換できる。従業員に対しても自分自身に対しても、会社というのは合理性をどこまでも追求するのだが、不合理な遊びや空間がないと、それも生きてこないわけである。

住まいだって同じ。合理性追求・機能一点張りの部屋というのは、決して快適なものではない。何かしら遊びの空間があったほうが快適である。

「うちは天井から星が見えるんですよ」

「屋根ないんですか？」

「窓を開けると、お隣の着替えが見えるんですよ」

「何考えてるんですか、あなた。ここはのぞき部屋ですか」

遊びがあると、招待された人が「あー、なんか良かったな」と思うではないか。

遊びの空間、スペースがないと、住まいというのは使いにくい。遊びの空間、例えば庭を設けた家は伸びやかで落ち着きを感じる。どこかに不合理な面、遊び、無駄というものがないと、合理的なものは生きてこないわけである。

もっとも、これを読んで会社で不合理なことばかりしていたら会社は潰れてしまう。だから不合理なことの良さにあまり感動してはいけない。普段はやはり合理性の追求。ただ、あるところまで合理性を追求したら、今度は不合理性の追求が必要になるという話である。

アメリカのマクナマラ元国防長官が「ベトナム戦争は大失敗だった」と言った。その理由は、彼がベトナム戦争のとき、軍隊に企業マネージメントのコスト・エフィシャンシー（費用効率）を導入したからだという。

コスト・エフィシャンシーとは、かかったコストによってどれだけ効率的にサービスが生きたか、マネージメントが生きたかということである。

アメリカ軍は、ベトナム戦争にコスト・エフィシャンシーを導入して何をしたか。なんと、敵をひとり殺すのにいくらかかるか、コストを計算させたのだ。そのために兵隊は、一回の攻撃で何人の敵が死んだかを調べさせられた。つまり、ひとりお亡くなりになるのにいくらかかったかを調べさせられたのである。

どれだけの費用を投入して、どれだけ相手に被害、損害を与えたか、前戦の兵隊は毎

合理性の追求の後は、不合理なことを始める

回報告しなくてはならないわけだ。機関銃をバリバリバリバリと撃っておいて「一、二、三、四、五」と数えに行く。火炎放射器でボーンと焼いておいて「何人焼けたかな」と、確認に行かなくてはならない。

次々に攻めて行って、相手の本拠を叩けばいいのに、爆弾落としても機関銃で撃っても、また地雷を敷設しても死者の数をいろいろ確認しなくてはならない。なんという二度手間。あの超大国アメリカが、小国ベトナムに負けるわけである。

こんな現場の実状に合わない無駄は、たとえ命令であっても反対しなければいけない。アメリカというのは、ときとして、こういうばかなことをしてしまう国である。禁酒法もその典型だろう。合理性を追求しすぎて、一番大事な本質、論点を逃すという、まことにお粗末な話である。

オリックス快進撃はマネジメントの勝利である

九五年のプロ野球パリーグはオリックスが優勝した。九六年も、日本ハムと激しい優勝争いをくりひろげた。

この項目のテーマは「オリックスの優勝に学ぶマネジメント」である。

昔の阪急ブレーブスのときは全然勝てない球団だった。それがオリックスに買収されて、オリックス・ブルーウェーブと名前を変えた。そこに、あのイチローがいるわけだ。「イチロー効果」という言葉もご存じだろう。イチローのおかげで、サッカーに行った若者が球場に戻ってきた。

なにしろイチローは、一年間に二一〇本ものヒットを打つという、前人未踏の記録を打ち立てた。それまでは一七〇本か一八〇本くらいが日本記録だったのだから、ダントツの凄い記録である。打率も四割打者の夢が叶えられるか、叶えられないかというところまでいった。

弱冠二〇歳か二一歳の若者が不可能を可能にした。そのうえ四冠王を狙うかどうかという人物であるにもかかわらず、驕ることのない人柄である。ファンサービスもしっかりするし、謙虚、素朴。狭い寮住まいでありながら、贅沢なことも言わない。と、大変な人気者である。

そのイチローが日産のコマーシャルに出た。

「イチロ、ニッサン」

とたんに、国内販売台数でトヨタが日産に抜かれた。驚異である。これもイチロー効果。

さらに、優勝が決まったあとの消化試合。普通は、消化試合というのは見向きもされないものである。ところが、イチローが出るというだけで、消化試合に観客がどっと押し寄せる。

これはパリーグの歴史始まって以来の現象である。

パリーグの各球団も、それまで一試合八千人だとか一万しか入らなかったのが、オリックス戦になると観客動員数がはね上がって三万、四万と入るものだから大喜びである。近鉄や日本ハムのホームゲームであっても、イチローが見たいからとイチローファンが押しかける。オリックスと対戦する相手のところでさえそうなのだから、オリックスの球場はもう大繁盛。

サッカー人気で野球が全然だめになったところにイチローが出たおかげで、日産は売れる、球場にはどんどん人が来る。これをイチロー効果と呼んで、イチローのおかげだと世間では言うわけだ。

確かにそのとおり。

そのとおりではあるのだが、そのイチローを抜擢して、イチローという変わった名前をつけた人物を忘れてはいけない。仰木監督である。仰木監督が、本名・鈴木一朗をカタカナで「イチロー」とした張本人である。

もちろん、イチローというスターがいたからこそのオリックス人気、オリックスの優勝ではあるが、イチローという人が出てくるまでの背景というのは、みな仰木監督が作っているのだ。オリックス全体で言えば、やはり、監督の影響が一番大きなものである。

この仰木監督のやり方というのに我々は注目しなくてはいけない。仰木マネジメントには、経営者、マネジメントを勉強する人間にとって、大変大きなヒントが含まれている。

トマト銀行の演出に見るマネジメントの決断

仰木監督のどこが凄いのかと言うと、まずなんと言っても、鈴木一朗という選手の登録名を、カタカナのイチローにしたというところである。オフィシャルネーム「イチロー」。

これは、銀行でも似たようなことがあった。

トマト銀行である。

もとの名前など思い出すことさえできない。周りに聞いても思い出せない。調べてみると、山陽相互銀行という名前だったそうだ。中国人なら親しみを感じるかもしれないが、漢字がどろどろどろっと並んだ、預ける気持ちをなくしてしまうようなダサい名前である。

その頭取が決断した。

「これじゃアピールしないから、社名を変更しよう」

「ええ？」

「トマト銀行はどうだろうか」

「そんな……農協じゃありません！」

みんな猛反対。行員の八割が反対したという。しかし、頭取は考えたあげくに、

「口座数を増やすためには、やはりトマト銀行に変えよう」

ということで決断し、思い切って実行した。カードもトマトのマークだ。とたんに、

「トマト銀行だって、かわいーっ。行かない？」

最近の女の子には「美しい」だとか「品がある」「見事」「厳か」「趣がある」「優雅だ」「お洒落」なんて形容詞はない。たったひとつ「かわいーっ」。全部これ。イチローが出てきたら「かわいーっ」。犬を見たら「かわいーっ」猫が歩いていても「かわいーっ」、魚を釣ったら「かわいーっ」。

鯛のどこがかわいいのか、よくわからない。

使い方もよくわからない。

女の子に対しても「かわいーっ」、男の子に対しても「かわいーっ」。ピアノ見たら「カワイーッ」。「これヤマハですけど」なんて言ってやりたくなるが、とにかく何でも

「かわいーっ」。表現のバリエーションがない。

ま、批判はともかく、女の子は「かわいーっ」の一言で「いい」「素晴らしい」「美しい」「品がある」「見事」「厳か」「趣がある」「優雅だ」「お洒落」を意味させてしまう。

そして、とにかくもう「トマト銀行？　かわいーっ」と、みんながトマト銀行へ殺到、口座の数がどーっと数倍に上がった。その上がり方が凄いものだから、どこかで意識したのだろうか、今度は太陽神戸三井銀行がさくら銀行に改称した（注：一九九二年当時）。

さくら銀行……私に言わせれば、ダサいネーミングである。まるで警視庁ご用達の銀行のようだ。

私だったら、トマト銀行のむこうを張って、絶対に「カボチャ銀行」にする。そうすれば、女の子が「かわいーっ」「ダサっぽくて、かわいーっ」と喜んで預金するだろう。「さくら」というのは、きれいすぎるのだ。ああいう大きな会社の、年をとったマネージャーの考え方である。さくら銀行よりもトマト銀行のほうが、かわいらしさがある。

トマト銀行の子会社はプチトマト銀行がいい。さらにその関連会社はトマトサラダ銀

トマト銀行と名前を変えた途端に、人気殺到……

行だとかやると喜ばれるだろう。銀行はたくさんあるのだから、少しでも名前を覚えてもらう。客にアピールすることが大切である。

銀行というのは、いわば高利貸。だからこそ、銀行の建物と制服だけはいつもきれいなのだが、基本的に地味な業種にユニークな頭取がいて「トマト銀行」なんて「かわいーっ」のを作ったから、どっと口座が増えたのだ。お年寄りは増えなかったかもしれない。でも若い子は、どこへ預けるのもたいして変わらなければ、「このカード楽しいじゃないの」ということになるのだ。

さくら銀行では、ひとひねり足りない。

これは、表現力、アピール力の差である。

我々の講演会にも招いたことのあるアルビン・トフラーさんの方法で考えれば、「第一の波」とは銀行業務そのもの。「第二の波」は、それを効率化して、いかにすれば利益率が上がるのかという、いわば住友銀行のやり方。そして「第三の波」はまさにトマト銀行である。

「トマト銀行って、かわいーっ」というのは、銀行としての業務の努力なんかまったく関係ない。名前をトマト銀行にしただけで、どどどーっと売り上げが増えた。支店の全くない遠方からも、トマトマークの通帳ほしさに、「口座を開きたいのですが…」という電話が殺到したというのだ。これはやはり第三の波的な発想。情報の革命である。そして何よりも、第三の波的な発想のできる頭取、経営者がいたからである。

マネジメントに必要な資質とは？

そのことは、実はオリックスにもあてはまる。

「第一の波」で言えば、野球の監督というのは、まずチームが勝つようにしていく。なるべくならBクラスよりもAクラス、Aクラスになったら、今度は優勝できるだけの力を持ったチームを作ろうとする。「第二の波」。今度は、川上哲治のような合理性の追求、効率化の追求である。合理的な投手起用、合理的な代打起用をし、乱数表を作ったり、いろんな統計をとったりしてチーム運営の合理化・効率化を図る。

ところが、仰木監督という人は、第二の波でなく、第三の波的発想をした。

情報革命派の発想。宣伝広告マンのような監督なのだ。

これはどういうことなのかを、これから説明しよう。

経済の世界にはさまざまな業種があり、それぞれの業種の中で企業どうしが競争している。ところが、その競争を見ていると、そこには一定の法則があるのだ。例えばトヨタと日産が競争すれば必ずトヨタが勝つ。セイコーとシチズンが競争すれば必ずセイコーが勝つ。集英社とマガジンハウスと小学館がやれば、必ず集英社が勝つ。なぜなのか。トヨタの場合。かつてトヨタ自販に神谷さんという販売の神様がいて、集約深耕というトヨタのセールスのあり方を作った。つまりトヨタというのはそもそも「販売のトヨタ」なのである。その後、カンバン方式という在庫を持たない生産ノウハウも確立、企業効率を追求して業界一位の座を守ってきたわけだ。

日産にイチローが登場して、国内販売台数で日産に追い越されはしたが、一時的なものに終わるだろう。本来、トヨタの勝利は販売力の勝利なのであって、技術力ではない。「技術の日産」と「販売のトヨタ」が競争すれば、必ず、販売のトヨタが勝ってきたのだ。これは冒頭に書いた「第一番目は販売管理」という大原則を、別の角度から裏づけているものと言える。

　時計業界を見てみよう。競争しているのはセイコーとシチズンだが、この両者にも大きな違いがある。セイコーの場合、上場している服部セイコーというのは、実は販売会社。諏訪セイコーや塩尻セイコーという製造部門の会社は上場していないのだ。つまり販売のセイコーである。

　これに対してシチズン勢力では、上場しているシチズン時計というのは、田無に工場のある製造部門であり、販売会社・シチズン商事というのは上場していないのだ。つまり技術のシチズンである。販売のセイコーと技術のシチズン。必ず販売のセイコーが勝ってきた。

　それから出版社。昔は『平凡パンチ』『週刊平凡』の平凡出版（現マガジンハウス）というのが、絶えず斬新な企画を出して出版界をリードしていた。編集主体の、いわば技術の平凡出版である。

　それを真似て『週刊プレイボーイ』を出した集英社というのは、販売の集英社。両者の競争でも、必ず集英社が勝ってきた。あの『少年ジャンプ』も集英社である。私の小さい頃は『少年マガジン』『少年サンデー』というのが双璧で、その後『少年チャンピオン』や『少年キング』が出てきた。『少年ジャンプ』は最後発。ところが今やダントツの一番。なぜか。絶えず顧客のニーズを聞いて、人気のないものはすぐに変えてしまう。販売を主に考えて作るからである。

販売を主にしたところが必ず一番になっているわけだ。「僕はこれを作りたい」というものを作るのではなく、客が「欲しい」というものを作ってあげる。編集だの技術だのを前提にしたら決して一番にはなれない。

オリックスはどうだろうか。

私の目から見たら、とにかくもう販売しかないんだという球団である。

まずなんと言っても「イチロー」のネーミング。

日本で一番多い名前は鈴木。鈴木一朗なんて言ったら、大和銀行の大和太郎だとか、三和銀行の三和一朗といったような名前である。類型的典型的な、どこにでもある名前。

これでは観客にアピールできない。

「カタカナでイチローというのはどうだろうか。声援しやすいし」

という話が出てきたときに、仰木監督は「そうだ。それにしよう」と言ったが、本人は非常に不服だったらしい。もうひとりユニークな登録名が「パンチ佐藤」。ボクシングの選手かと思うような、ふざけたと言えばふざけた名前だ。

「パンチ佐藤にイチロー？　どんなヤツだろう。一回行ってみよう」と思うではないか。鈴木一朗なんて客にアピールしない。本人が反対したって、客に対してはイチローでいいのだ。名前が先行して実力が伴わないと「パンチがないねえ」なんて皮肉られるから、実力は伴うように努力したらいい。

イチローになってから、俄然、脚光を浴びて、本人も今では良かったと思っているらしい。画数と伸びる音が良かったのだろう。あるいはどこかで姓名判断してもらったのかもしれないが。

名前に関する監督の判断も凄いが、凄いのはそれだけではなかった。

チームの中で一番よく打つバッターというのは、日本では普通、四番バッターである。ところがイチローは一番定住（今期は三番も打ったが）。ホームランも打つし、打率も打点も盗塁も一番の四冠王だった時もある。常識的には四番打者になるはずだが、仰木監督はそうしなかった。

「イチローはどうも一番バッターのほうがいいなあ」

と、打席をずっと一番に置いたままである。

「やりやすいほうが、いいんじゃないか」

と。その効果は測りしれない。一番で打率がいいから、当然、出塁率も高い。出塁すれば必ず盗塁する。盗塁の成功率が八割か九割。パパパパッと盗塁して得点圏内に入る。そしてその後ろにはＤＪやニールが控えているのだ。ＤＪはインタビューでこう答えていた。

「僕の前のバッターがよく打つもんだから、つい釣られて打っちゃうんだ」

さらに、ＤＪが打つからということで、また次も打つのだろう。いいときはいい方向へものごとが回転していく。今度は平井というピッチャーが備わってきた。これはもう、イチローの運なのかもしれないが、イチローという名前にすると決めたのは仰木監督なのだ。

既成概念にとらわれない。

イチローの登場で、野球人気は盛り返した

「良かったらいいじゃないの」

そんな監督はこれまでいなかった。野球監督と言えば管理野球の川上哲治、西武の森監督、それに直感の長嶋監督である。

トフラーさんの言う「第三の波」的な発想で、固定概念にとらわれず、四冠王になりそうな凄い打者をずっと一番に置いていた。こういう柔軟な発想こそは、マネジメントする人間に一番重要な資質である。

宣伝広告の極致を行くマネジメント

しかし、もっと注目したいのは仰木監督の言った言葉である。

「私は宣伝広告塔」

本人がそう言ったのだ。

イチローという名前にしろ、パンチ佐藤という名前にしろ、イチローが生きるように打順を一番にして、とにかく観客が感動するように喜ぶようにと演出した。九六年のオールスターではイチローを投手で起用したりもした。宣伝広告面から見て、面白い野球をしようということである。

だから、観客がどんどん来る。

イチローというスターがいるにしても、使い方が絶品。イチローも、仰木監督がいたからこそ、自分もこれだけの力を出せたんだと言っている。あの変てこりんな振り子打法を「本人がいいって言うならいいんじゃないの」と認めたのも仰木監督である。確かに、どんな打ち方であろうと打てばいいのである。

そして仰木監督は、どこへ行っても、監督自らが宣伝広告塔になって、とにかく宣伝している。川上監督？　王監督？　いつも渋い顔をして、およそ監督というのは宣伝広告塔たりえない。唯一、長嶋監督だけが「いやー、どうもどうも、あのー、いわゆるー、このたびはー、いやースポーツマン精神で、あー」なんてキャラクターで、広告的な要素があるくらいだ。

仰木監督はもう徹底して宣伝広告。

イチローという名前にせよ、打順にせよ、振り子打法にせよ、仰木監督には何かしら不合理な遊びを感じる。それも、宣伝広告、セールス、販売ということが前提になった遊び。仰木監督には、観客サービスという点からものごとを考える柔軟な発想があるのだ。

振り子打法を始めとしたオリックスの運営方法には、宣伝広告、セールスという面、つまり客に喜んでもらう、客にアピールするという方針が強く存在する。その結果「オリックスの試合は面白い」と観客が球場に行く。観客がうわーっと来るから球団も潤ってくる。イチローも乗ってくる。

「イチロー効果」という言葉を作ったのが誰かはわからないけれども、マスコミの人間にそう言わしめる……それはやはり売り方がうまいのである。

ビジネスと創造性

宣伝広告のオリックスが強いというのは、天の教えだと私は思う。時代は「仰木（おうぎ）」なんだと教えている。木を仰ぐ。大きいものを仰ぐ。大きめ、実態よりも大きく宣伝していく。風呂敷を広げる。

そこには、やはり常々私の言っている普遍の法則、販売を主にした会社が伸びるという結論がある。合理性の追求と不合理な遊びがあって、成功する。オリックスは不合理な遊びで、野球界の中のひとつの常識を壊したのだ。

四万五千人もの人間が、優勝が決まった後の、それも日本ハムVSオリックス戦に押しかける。連日満員御礼。今までの常識では信じられない、考えられないことである。第三の波で、今までに考えられないような現象が起きると、トフラーさんがおっしゃったとおりになった。

ここで会社のオーナーやマネージャーが考えなくてはならないのは、技術技術と言わないこと。社員の教育だとか効率的な運営なんて言わずに、要するに販売をしていく。積極的な営業をして、売って売って売りまくる。それを主に考えて、そのために合理性を追求するというところである。

そして、ときどきは変なこと、不合理なこともやってみる。いくつかやってみたら、ひとつかふたつはヒットが出る。これを、中小企業もやらなければだめなのだと思った。

それが天の教えなのだろうと私は思うのである。

会社のオーナーあるいはマネージャーは、こう考えていただきたい。

社長とは宣伝広告塔にして営業マンのトップである。

経理部長とは宣伝広告塔にして営業マンのまん中である。

受付とは宣伝広告塔にして営業マンの手伝いである。

総務とは宣伝広告塔にして営業マンの手伝いである。

営業マンとは宣伝広告塔にして営業マンである。

と。社長も重役も経理も総務も受付も、みんな宣伝広告塔。

「我が社が最高だ！　最高だ！」

みんなで固く信じて言い続ける。たくさんある競合他社、浮気な客。現代の経営環境とは、そんな厳しい環境。表現力に優れた会社が勝つ時代である。

野球監督も広告塔になる時代。イチローが投手で出てファンサービスする時代。そんな話を聞けば、誰だって観に行きたくなるし、ワクワクする。商売上手な仰木監督と、そこに乗っていくイチロー、当分、オリックスは大丈夫だと思う。

もう一回確認しよう。社長も総務も経理もみんな宣伝広告塔。とにかく販売を主に考えて、そこから合理性を追求し、不合理な面白いこともやってみて創造性を持つ。それが、ビジネス・アンド・クリエイティビティなのである。

●第三章●

国際進出のノウハウ

中小企業経営ワンポイント・レッスン

私のセミナーでは、個別具体的な相談にも答えている。きわめて具体的な事例であり、まさに現実であるためか、出席者全員が真剣にその講義を聞いている。そのときは直接自分の会社に関係がなくても、自分の経営する会社でいつなんどき必要になるかもしれないということである。

また菱研のメンバーには毎月二度、我が経営のベテランたちが無料で相談にのっている。具体的な知識から見ると、おおむね基本的な定石がある。その典型的な具体的実例を、この章と次の四章で解説していきたい。いわばワンポイント・アドバイスであるが、野茂の投球のように、ストレートもあれば変化球もある自在のアドバイスである。

事業は人なりの真の意味

まずは、世界へ出て行こうという大きな志を持った相談について。

「昭和六二、六三年ごろ、伊勢神宮にご祈願をしたとき、平成元年から相続関係の税理士として、急速に業績を伸ばすことができました。平成五年ごろ伊勢の神様にまた発願して、もっと大きな舞台で活躍したいとお願いしたのですが、そのころから業績が伸びなくなり、ついにこの四月、六月は社員の給与が払えなくなってしまいました。一方で、世界的規模の財産運用のほうは試行錯誤の連続でしたが、ようやく近ごろ急速に芽が出てまいりました。しかし前と同じ展開にはしたくないので、より大きな舞台で新しい事業を展開する心得、ポイントをアドバイスしていただきたいのです」

あるところまでは「こうだ！」と思っていくと、ぱっと結果が出てくる。さらにと思ってやるとこれも調子よくいき、またさらにと思ったら、今度はどんどんだめになっていく……こんなことは誰にだってある。私もそうだった。

なぜなのか。

結論から言うと、実力が足りないからである。そう思わないと決して向上しない。神様に祈ろうと人に相談しようと、自分の実力が至らないんだと考えないと、絶対に成功しない。私は、必ずそう考えるようにしている。より大きくなるためには、より大きな実力がないと、大きな事業は成功しないものである。

松下幸之助は「事業は人なり」と言った。その意味は、大きな事業を展開して成功させようと思ったら、自分が大きな人間にならなくてはいけない。より次元の高い事業を成功させようと思ったら、より次元の高い人間でないと覚束ないということだ。これすなわち「事業は人なり」と言ったわけだ。

「事業は人なり」と言うが、その「人」というのには運もある。松下幸之助の場合、自分の場合はほとんどが運だと言っているのだが、運も含めて実力と考えたほうがいい。その実力がないから、より大きなものが伸びないんだと考えていれば、必ず向上する。やがていつの日か成功する。

実力がないことの典型は何かというと、知識が無いこと。「知らなかった」ということが多いものである。より大きな仕事をしようと思ったらより大きな人間にならなくてはならないのだが、知識がないと過ごし方がわからない。攻撃すべきときに攻撃し、退くべきときは退き、何もしないときには何もしないでいるという知識。攻めるという一点の中でも、こういう筋から行ったほうがいい、この筋はやめたほうがいいという、筋の見方というのもやはり知識である。

あるいは、こういう仕事は時間がかかって危険だけれど、こうすればうま味があるという場合もある。それも知識がなければ見分けられないのだ。では、その知識が足りない場合どうしたらいいのか。

本当に実力があって信頼できる人に相談するか、組むか、任せるかである。

善運と悪運

当然のことながら、その相手は運がよくなくてはいけない。そしてここが肝心だが、運がいいのにも二種類あることに充分気をつけてほしい。みんなのことを考えて、人様を生かしながら調子よくいくという、善的な運のいい人と、逆に悪魔的に運のいい人の二種類である。

悪魔的に運のいい人というのは、人々の運気や何かを吸い上げながら自分ひとり運がいいという人である。そういう人と一緒に仕事をしたら、その人は成功するけれども、周囲はくたびれ果てて枯れ果てて、やつれて失敗、衰亡していく。

これは気をつけなくてはいけない。悪魔的に運のいい人にひっかかると、その人間のために引っ張り回されて失敗する。しかし、そういう人にずるずる引っ張られるのは、実は自分に欲心があるからなのだ。

先達に聞けばミスがない

ビジョンはあるけれども、欲心がなくさっぱりしていて、善的な運のいい人にぽんと乗っかると成功する。これが、『徒然草』にある、

「何事も先達はあらまほしきものなり」

ということである。

ある人が石清水八幡宮に参拝に行った。帰ってきて感慨深げに、

「いやあ、石清水八幡宮はすばらしかったなあ」

「ああ、そう、よかったねえ」

「だけど、参拝していたら、山の上のほうへ歩いていく人々がおった。興味はそそられ

たけど、僕は参拝が主だったから、山の上には行かなかったんですよ」

「あのう、石清水八幡宮の本社って山の上にあるんですけど」

「えっ、じゃ、私の行ったあれは何だったたんですか」

この人は、里にある別の社をお参りしてきたわけである。知っている人に一言聞いていたら、

「石清水八幡宮に行くんならね、頂上だよ、頂上。下のは摂社だからね。山頂の石清水八幡宮がすがしいんだ。楠木正成公の植えたイチョウがあって……いやいや今は鎌倉時代だからないけども……まあ源義家があそこで元服したところなんだよ」

とでも教えてくれただろう。あるいは、

「君、石清水八幡宮へ行ったら、あそこに井戸があるから行ってみたまえ。それで帰りに、下に有名な餅屋がある。走り井餅という餅があってとってもうまいからねえ、あれはぜひ食べたらいいよ……あ、これ鎌倉時代にはないか。ま、細かいことは気にしないで」

ということにもなる。聞いて行けばそういうミスはないわけだ。

あるいは、一緒に行っていただく。

「君、ここは摂社じゃないか。上に行かなきゃダメ」

「あ、そうですか」

先達とは、一度先に達した人、先にやった人のことである。

そういう人のリードがあれば、都から石清水八幡宮までかなり距離があるのに、ご本社をお参りせずに摂社をお参りして帰ってくるというような失敗やドジがなくて済むわけである。

だから、大きい事を成功させられないのは、実力、つまり知識がないと認識すること。さらに、どういうふうに筋を攻めていけばいいか、リスクはどうだろうかと、先達たりうる詳しい人に一度聞くなり、一緒に組んでいただければミスがない。大きい仕事をしても、そんなにミステークはしないものである。

先達に聞けば、ムダなくミスなく進行できる

前人未到のサムシングをやり遂げる志

そのようなやり方は実に安全な方法であるが、充実感や壮快感には欠けることになる。当然、逆もあるのだ。全く何も知らないところでやれば、世の中にはトラやオオカミがたくさんいるのだから、しのぎ方、越え方というのがわからない分、損傷を受ける。損傷を受けるが、成功した時の達成感も大きい。

私が初めて外国に行ったときには、わずかな知識さえなかったために、むだな労力を使い、むだな失敗をした。その後も試行錯誤で三、四年うまくいかなかったのだが、むだな労力と失敗を思い出し、反省してうまくいくようになった。つまり私の方法は全く独自のものなのである。

海外で会社を持つという一事でさえ、経験がないためにあれほど苦労したのだ。それを思えば、前人未到の何かをやり遂げる人間、誰もやったことのないことを初めてやろうとする人間というのは、いかに偉大な人間かと思う。ぼろぼろに傷つきながら、損傷を受けながらもやり通して、初めての道を作る人間である。

エベレスト登山だって、初めてエベレストの頂上に立った人というのは、最高に偉い。後から行く人もそれは大変だけれど、ひとりでも登ったことがあるという山は、登る労力、大変さは変わらないのだが、越え方はわかっているから、心理的にもまだ楽である。

どんな分野でも、前人未到のものをやろうとすれば、それは損傷はするわ、試行錯誤はするわ、遠回りはするわということになる。だから、前人未到の分野に入っていこうと思ったら、それを覚悟しなくてはならない。

今の自分にしてみたら大きなジャンプだけれども、できるだけ損傷なく安全にいきたいというときには、成功している人、先達を頼んですっといけばいい。より大きく羽ばたきたいと考え、それが前人未到のテーマであれば、それは傷ついたり、ガタガタきたり、遠回りをしたり、どじをするのは覚悟しなくてはならない。その経験を通して実力がついていくのだから。これは当然のリスクである。

私も海外で、今まで人がやったことのないことをしようとしてきた。あちこちで問題が起きたり、非難されたりした。マスコミにもかわいがっていただいたが、それは前人未到のことをやるんだから当然だと思って、気にもしなかった。

人が成功したネタをもう一回やって、大きく羽ばたこうというのならば、そういうこともないかもしれない。しかし、誰もしたことがないことをやろうと志したら、困難は当然のこと。それを喜びとして、実力がついていっているんだと考えることである。

凡才と天才の違い

しかし、ここで考えなくてはならない。

同じ過ちは二度と繰り返さないと。

同じ過ち・同じ失敗・同じ傷は二度と食らわないんだと。

凡才と天才の違いというのは、天災は忘れたころにやってきて、盆栽は家でやっている……いや、そうじゃなく、天才と凡才の違いというのは、凡才は同じ過ちを何回も繰り返す。天才は「同じ過ちは再び繰り返さない」と考えて、失敗を実力にしてさらに越えていく。

私は、最初オーストラリアに行ったときには、本当に苦労した。知識がなかったし実力もなかった。過ごし方も越え方も、いなし方も外し方もわからなかった。だから、もろにやられた。

しかしそれを踏まえて、イギリスではイギリスに詳しい人に、いつもついて来てもらった。おかげでスムーズにいっている。アメリカの場合、ニューヨークだとか地域の違いが大きいので、アメリカに非常に詳しい人が顧問に何人もいる。

その国の事情、そういうビジネスに精通した人で、年齢と経験と実力があり、さらに運がよくて直感力のあるいい人を、頭を下げ、三顧の礼を尽くして「お願いいたします。教えてください。導いてください。アドバイスしてください。助けてください」と、七重の膝を八重九重に折っていく。そういうふうにしていくから、その後の海外進出では私ははじめから失敗しない。

ビジネスは早い者勝ち

前人未到の世界をやるときには、もう失敗は覚悟の上。たとえ失敗があっても当然、それは実力向上の糧になったと考える。「次は、同じ失敗は二度と繰り返さないぞ」と言っておれば、前人未到のものを築いた人間として金字塔が建つ。

しかもそこには、すごい創業者メリットが待っている。

創業者メリットというのは、いろんな意味に使われる。とくに、株式を上場したりしたら、どおーんと財産が増える。前人未到の人は記録に残る、歴史に残る、そしてそのうま味があるわけだ。

誰かがものすごい前人未到のことをしたとする。その成功ノウハウややり方にはうま味がある。二番目、三番目にやった人は確かに安全だけれども、初めてやったところほどうま味がない。どうしたらうま味を享受できるかというと、初めての成功実例があったら、その分野が創業者メリットを味わっているうちに、電光石火のごとく速やかに、なるべく早くおすそ分けをいただくことだ。

速度が命だ。鍋をつつくのだって、一人がものすごく美味しい鍋物をつついていたら、二人、三人、四人、パパパパッと来て「五人でいただきましょうね」と一緒のものを食べる。六人目からはもう入れない。早い者勝ち。ビジネスは強い者勝ちとも言うが、私は、どちらかと言うと、早い者勝ちのほうが先だと思う。無論、早くて強いほうが勝つのは当たり前。

今の自分よりもうんと大きく羽ばたこうと発願をし、志を立ててやっていくときに、まず考えなくてはならない基本のひとつである。

流動・変動・柔軟頭脳

ともあれ、前人未到の道を行くなら、腹をくくることだ。

例えどんな損傷があり、何カ月か給料を払えなくなっても、前人未到の道だから当然だと。その程度のことはよくあること。だから、日ごろからよく銀行とおつきあいしておくことだ。短期借入金をさっと借りて、さっと返すというつきあい。資金がショートしたときに、短期借入金を借りられるような銀行づきあいを上手にしておけば、何とかかんとか無担保でも借りられる。

もちろん支店長枠があるから、たくさんは借りられない。しかし、おつきあいしている銀行が複数あって、無担保で借りられる少額の枠をいくつも持っていたら、担保を入れて借りるのと同じことになる。

そのときのために、日ごろから上手に金融機関とおつきあいする。意味がなくても金を借り、きちんと返して返済実績を作っていく。そうすると、金融機関はいざというときに金を貸してくれるのだ。これもしのぎ方。給料がとまる、資金ショートするのはよくあること。そのときはさっと借りてさっと返す。

一見、無事に過ごしているけれども、中はもう七転八倒しているというのが、ごく普通の中小企業の経営である。七転八倒して、いつ潰れるかとぐっと覚悟を決めて、今日必死でしのぎきって、またさっと資金繰りができたというのが、ごく普通の会社である。何事もなく順調に行っている会社なんていうのは、例外中の例外。極めて珍しい会社である。中小企業の考えていく基準は七転八倒。

「うちの会社は大変だ」

「業績はどうなの？」

「一応業績は上がっている」

「最高じゃないか。それ以上素晴らしいことはない」

平穏無事ということは、まずない。大きい会社でもそうだ。ごく普通の健全な企業というものは、一見きちんと業績が上がり、利益が出て、内部留保がある程度あり、株主の配当ができて、資産も少し積めて、いいことずくめに見えたとしても、中はもう七転八倒しているというものである。

給料が出なくなったり、いろいろ言われて人が去っていくなんてことは、よくあること。去る以上に新しく人を増やせばいいわけだ。経営者が失敗して人脈が狭くなることだってよくある。酒、ばくち、女極道だとか、不渡りが出て云々とかで、ぱあっと消えていく。人が逃げていく。そんなもの、どうってことない。人脈など、消える以上に新しく作ったらいいのだから。問題は一〇年間トータルしてどれだけの人脈があるか。そう考えたらいい。そういう意味で、流動的で、変動的で、柔軟な頭を持てと言いたい。

腹をくくれ、失敗を気にするなというのは、いわば心構えだ。世界に羽ばたくとか、全く未知な分野に大きく志を立てるときには、その基本的な心構えを持つ。しかし当然、いろいろ損傷を受ける可能性があるのだから、守り方は研究しておくことだ。備えあれば憂いなしで、幾重にも研究して、やはり守っていく。これも実力である。

国際戦略とずれたニッポン・メンタリティ

「流動的で変動的で柔軟な頭を持ち、蒙古軍とマッカーサーのやり方をもって国際的に羽ばたく素養とせよ」

国際戦略なり、より大きな仕事なり、何か今の自分よりも大きい仕事をやりたいというときに、考えなくてはならない大事なポイントを解説しよう。

話が突然古くなるが、蒙古軍と日本軍の違いは何かおわかりだろうか?

太平洋戦争を見ればわかることだが、例えばアッツ島、硫黄島と、戦略上それほど重要ではないところでも、全部、日本軍は最後まで死守しようとして玉砕した。沖縄決戦というのは、本土上陸か否かの死命を決するものだったが、硫黄島なんてあまり関係ないではないか。しかしそれが太平洋戦争中の日本軍のやり方である。

これは日本人のメンタリティーに関係しているとも言える。日本人というのは農耕民族だから、土地に対する執着心が強い。田舎では、いまだに一センチ、二センチ境界線があやふやなときに、ご近所と激しい争いになる。

「昔の地図を見たらこうだ」

「いや、もっと前の地図はほら、違うだろう」

と。日本人の原点は、土地を確保して、苗を植えて、稲を作って、コメをとり入れて生活していく農耕民族なのだ。だから太平洋戦争でも、島を確保して陣地を作り基地を作ると、それを死守することが至上の命題になってしまう。太平洋戦争という大きな枠の中で考えれば、戦略上それほど重要ではないのだから、あっさりと引き揚げたらいいのに玉砕する。

　すなわち、日本人にとって国際的な仕事をしていくときのネックは、いったん購入した不動産だとか会社、人材を、なかなか手放したがらないことである。赤字になっても死守しようとする。撤退がすぐにできない。太平洋戦争敗戦の歴史と同じようなことを繰り返してしまうのだ。

蒙古軍の戦い方

これに対して蒙古軍はどうか。

蒙古は騎馬民族だから、すごい勢力でダダダアーッと戦う。しかし不利になってきたら、ぱっと撤退する。シャーッと帰っていく。それを見て、あっ、蒙古軍が撤退したぞと後追いするが、これは大きな間違い。

日本の合戦では、撤退のときは大将も兵も、気落ちしている。「逃げるんだ、今回はだめだ、天のご加護がない、戦略が悪かった」と意気消沈して撤退する。逆に後を追う軍勢というのは「追いかけろ～」と勢いがある。

だから、しんがりを務める武将というのは、よほど優秀でないとその任に堪えられない。意気軒昂たる敵軍とチャンチャン戦いながら、同時に味方を励まして上手に逃がす。味方の損傷を最小に抑える。これは大変な仕事である。ちなみに豊臣秀吉というのは、そのしんがりをいつも務めていたから、味方の信望が厚かったのだ。

ところが蒙古は違う。形勢が悪いとなれば、パーッと撤退するが、形勢がよくなったり、援軍が来たなと思ったら、パッと切りかえして、今度は攻撃に移る。撤退のときと攻撃に移るときと、全く気持ちが変わらない。パーッと逃げて、パッと攻撃に移って、また分が悪くなったら、パッと撤退していく。また調子がよくなったら、パッと攻撃する。全然、意気消沈しない。

大きな戦で勝ったらいいということである。蒙古の戦の歴史を見ると、大きな勝負を決する戦でなければ、簡単に拠点を明け渡す。形勢不利だと見れば即退却。味方が来たら瞬間的に攻撃にシフト。今度はものすごい攻撃力で攻めまくるから、敵はやられてしまう。それで城へ帰っていく。土地や城を明け渡すというのがまるで平気なのだ。

要するに、最終的に獲物が取れるかどうかが全てなのだ。騎馬民族にとっては、獲物を射止めて食べるということが目的であって、土地とか場所は問題ではない。目的は城ではなく、そこに住んでいる住民、財物、税金なのだ。戦いの場所は絶えず流動している。退却が負けという気持ちはない。だから、退却している蒙古軍ほど怖いものはない。油断して追いかけたら、たちまち反撃をくらうからだ。これが騎馬民族の戦い方である。

マッカーサーの戦い方

これは、マッカーサーも同じだった。

ご存じのように、フィリピンに日本軍がうわーっと攻めていったとき、連合国軍最高司令官マッカーサーは「アイ・シャル・リターン」と、さっさと飛行機に乗ってオーストラリアに逃げた。日本軍ならば大将はそこに踏ん張って玉砕したのだろうが、マッカーサーは逃げた。

しかしマッカーサーは態勢を整え、より強くなってフィリピンに上陸、「アイ・シャル・リターン」を実現する。さっと逃げて気落ちしない。欧米人のメンタリティーは、基本的に騎馬民族なのである。

不動産だって同じ。家を買う、土地も買うけれど、すぐに売る。オーストラリアの私の会社で、前にゼネラル・マネージャーをしていた男は、

「これで家を何回買ったか知ってるか?」

と聞いてきた。なんと一七回目。ということは一六回家を売ったということである。

先祖伝来の土地を守るなんて意識は全然ない。土地にも家にも執着心なし。それは会社についても同じで、自分が築き上げたものでも、ぱっと売ってしまう。バージン航空や、CNNもしかり。手にした金でまた新しいのを買えばいい、ビジネス戦線に勝てばいいんだということである。

外国相手の仕事をするには、やはりこのメンタリティーを学ばなくてはいけない。私にも日本人的な、農耕民族的なものがあって、国際ビジネスではそれを反省してはいる。しかし、この土地にはこの地の神様がおりている……と思うと、なかなか思いきれない。だが基本的には、土地・家・会社を自由に売り買いできるメンタリティーを持たないと、外国人と一緒に仕事をできないし、外国相手の仕事もできないのである。

年季が重要な日本の経営風土

ただ、あくまでも日本の会社だということを忘れてはいけない。

日本の会社にとって、資金繰りの相手は、やはり日本の銀行である。そこでは、何年間とどまってやっているのかということを、とても重要視する。三年未満の会社というのはあまり信用されない。年季が大事な風土なのである。

私が創業した会社は先頃、一五年目にして初めて事務所を移した。それまでは、新宿にあるマンションで、ちょっと大きな目の部屋が七百いくつかあるところに入っていた。非常に手狭だったが、手狭をもってよしとする私のフィロソフィーがあったものだから、借りる部屋数は増やしていったものの、動こうとは考えたこともなかったのだ。そうしたら、そのうちに何社もの銀行がやって来た。

「この七百数戸ある中で、事務所をいくつも借りながら、一〇年間全く引っ越ししないのは、こちらともう一社の二社だけでした。この会社は信用できるということで、支店長命令でぜひお金を借りていただきたいと思ってまいりました」

と言うのだ。貸してあげるというのだから、断りはしない。

「金利はいくら？　担保なんかないよ……」

「いや、担保なんかなくても、少しでもいいから借りていただきたい」

なぜ来たのか。こんなことは、外国ではあり得ないことだが、日本ではしょっちゅう

日本では、年季を大きな信用とする特性がある

移転するような会社というのは、信用がないのだ。地域・地元に根ざして、先祖代々やっているような会社、自社ビルを建ててずうっとやっている会社、それが信用される会社である。そういう日本社会の特性も、忘れてはいけない。

玉砕は戒めよ

「蒙古軍とマッカーサーのやり方をもって、国際的に羽ばたく素養とせよ」

世界に進出しようとするときに、まずはひとつの会社、ひとつのビジネスから始めるだろう。ところが、必ずしもそれがいいビジネスとは限らない。だから、よりいいものがあったら、ぱっとその会社を売って、よりいい会社を買う。その地域が悪かったら、ぱっと撤退して、よりいい地域にぱっと進出する。撤退は早く速やかに抵抗なく。国際的に大きく仕事をしようとするときのポイントである。要するに、勝負は大局的に勝てばいい。

この考え方は、日本では勧められないが、外国へ行った場合は、頭を切りかえなくてはいけない。要するにもうかったらいい、収益が上がったらいい、成功したらいいわけだから、仕事の種類に拘泥してはいけない。いくらかやってだめだったら、さっと手を引くことである。

一つの業種だとか職種に拘泥し過ぎると、玉砕するはめに陥る。硫黄島の玉砕を欧米人は理解できない。蒙古軍なら無駄だと思ってさっと引き揚げる。大きい勝負で勝つためには、撤退すべきところはすぐに退き、より戦略的に価値の高い戦場に、人材とパワーを集中して勝たなくてはいけないのだ。

ケンカには勝て！　日露戦争に見習う

話がそれるが、太平洋戦争中、満州にはたくさんの陸軍がいた。しかし、戦争の決着がどこでつくかといえば、太平洋に決まっている。満州にいくら人や金や武器があっても、全体の勝負にあまり関係ないわけだ。ところが、太平洋で玉砕が続いても、満州に兵力が温存されているから大丈夫なんて言っていたのだ。本土が落とされて、天皇陛下が玉音放送をして、日本国民が降参したら、もう戦は負けである。天皇陛下と日本国民が満州に引っ越すのなら別だが、そんなばかな話はない。

予算配分もひどかった。メインは太平洋での決戦なのだから、当然海軍が重視されるべきである。そこに勝負のポイントがある。ところが陸軍と海軍の仲が悪いものだから、予算と資材は折半ということになり、なけなしの物資、鉄、錫、石油の半分が満州に送られた。海軍は海軍で、すでに航空戦の時代になっているのに、飛行機をどんどん作るわけでもなく、その少ない資材で戦艦ばかり作っていた。柔軟性のない官僚機構の弊害である。

それに比べると、日清・日露のときの軍は、明治維新をくぐってきた偉勲たちだから、勝負に勝つか負けるかを常に考えていた。ケンカの勘どころを心得ている。

東郷元帥の丁字戦法というのは、日本艦隊全部やられてもいい、そのかわりバルチック艦隊も全部やってしまうという戦法である。バルチック艦隊を叩いておかなければ、満州に行って戦っている陸軍に物資の供給ができなくなる。そのまま干上がって負けてしまう。日本海軍が一隻残らず沈んでもいいから、バルチック艦隊だけは絶対やってやる、というのが、東郷元帥の考え方である。

東郷元帥麾下《きか》の日本艦隊はなんと横腹を出して戦に臨んだ。それを見たロシア軍は笑ったらしい。それはそうだ。縦になったほうが弾は当たりにくい。横腹を出すというのは、当ててくださいと言っているようなものである。

ところが、防御から言えばそのとおりなのだが、横腹を出すと艦砲射撃の距離は一定する。照準は左右を調整するだけだ。横に並んで同じ距離で撃てば必ず向こうに当たるわけだ。撃つなら撃ってみろ、そのかわりおまえらは殲滅だという気迫。東郷元帥も甲板に立っていた。おかしなもので、そのおかげで元帥は助かった。それまでいたところに弾が当たって、残った人たちは戦死してしまったのだから。結果はパーフェクトゲーム。日本の艦隊は、高波のために魚雷艇が三、四隻沈んだだけで、向こうは九九パーセントが沈んだ。

太平洋戦争の場合は、官僚機構という、戦のポイントがわからない、ケンカのわからない連中が机の上だけでやった。これは負けるはずである。経営者たるもの、そんな戦い方は絶対にしてはいけない。すなわち、外国に攻めていく場合には、勝負のポイントになるところに資金と労力と人材を投入して、どうでもいいところはさっと退却する。こういう感覚を身につけておかないと、外国人と仕事をしても勝てないのである。

日本的経営の長所

日本的メンタリティにも、もちろん長所はある。

例えば、アジアやアメリカ・ヨーロッパに現地工場を作って、地域の人たちと一緒に経済と産業の発展を図るといった、地域・土地に根ざして経済活動をするという点である。欧米の企業は、採算が合わなくなったらすぐに退却してしまう。アジアの人も「あ、もう帰っちゃうんですかあ」と失望する。

国際的なビジネスをやっていくときに、この欧米のメンタリティーと、日本のメンタリティーと両方を持つのが一番強い。いろいろな苦労の中で、そういう素養を身につければ、より大きく志し、発願したことが成就するわけである。

進退は柔軟敏速に

この原則は、日本の企業でもショップ経営をしているところには、同じように通用する。ブティックでも、美容院でも、散髪屋でもいいが、チェーンを持っているところは、採算店と不採算店とがある。

不採算店はすぐにたためばよさそうなものだが、いったん出店したんだからと、なかなか退却することができない。攻撃するのは簡単だが、退却するのは難しいとも言われる。不採算で縮小すると、とたんに気落ちして「新しく出店したりチェーン数を増やすより、これだけで細々とやっていければいいんです」というふうになってしまう。退却したときは心の傷になっているのが日本人。城を明け渡してしまったという感覚、昔ながらの日本の武将の感覚である。

それはしかし、経営者としての資質に問題があると言わざるを得ない。会社が維持されることが大前提なのだから、筋がよくないと思ったら、さっと退いたらいいのだ。恥ずかしいことでもなんでもない。退かないでぐずぐずしていることのほうが、経営者としての実力がないと思うべきである。

そういうときの経営者は、立地条件だのなんだの、あれこれ分析研究して、再度攻撃に移らなくてはいけない。再アタックして、前よりは改善されたけれど、まだまだということなら、またさっと退く。そして、もっと研究して三回目が大繁盛ならそれでいいわけである。進む、退くを柔軟に敏速に、そして何より精神的に傷つかないようにして攻撃力をキープする。そうでなくては、チェーン店はなかなかうまくいくものではない。

日本人の古典的、伝統的ないい面を持ちながら、蒙古軍やマッカーサーのような要素もちゃんと持っている、そういう人がやる事業というのは、一つや二つの失敗があったとしても、必ず成功する。それは国際的にも通用する経営姿勢である。

より大きなもの、より大きな舞台を目指す場合、そういう意味での実力をつけるように、失敗を反省して越えていけばいいわけである。

●第四章●

中小企業経営ワンポイント・レッスン

会社を建てる！ノウハウ

前の章に続いて、中小企業経営ワンポイント・レッスンをお届けする。
この章では、主に会社のリストラ・創建に関わる問題を扱いたい。景気が低迷して久しいが、どこの会社にも共通するアドバイスとなっている。じっくりと読んでいただきたい。まず、業績が大幅に落ちた小売り業の方の相談事例である。

LESSON1　下り坂の会社を建て直す方法

「ここ三年ほど売り上げが下がり続けて、三割ぐらいダウンしております。ダウンはとどまることを知りません。競合店が増えたわけではないのですが、移動販売や宅配が多くなっております。現在は外商に力を入れて探しておりますが、なかなか新たに入り込むのはかなり難しい状態です。資金的にも苦しくなっておりますので、どうしたらいいのかを教えていただきたくお願い申し上げます」

いわゆるスーパーマーケットの経営。

これだけ売り上げがダウンしては苦しいはずである。一般的な指標だが、売り上げが二割落ちると利益は半分以下になる。売り上げが三割落ちると赤字になるというふうに考えていい。粗利がたっぷり取ってあるところなら別だが、こういう小売りではそうはいかないだろう。

この場合も原則はある。成功している同業他社を見習うということ。自分の商圏の近くに同じようなケースがあるはずだ。同じような業種で、同じような立場で、しかし成功している会社というのが必ずある。そういう会社がどうやって売り上げを伸ばし、どうやって成功したのか。それを見習うことである。

人様の知恵をタダで拝借する方法

まさに前の章で言った「何事も先達はあらまほしきものなり」である。成功している同業他社とは、自分にとっての先達だ。乗り越え方を教えてくれる大切な方である。別に友達でなくてもいい。勝手に友達になりに行ったらいいわけだ。

「あ、私の先達がある！　このスーパーマーケット！」

と。まずはスーパーマーケットの業界新聞を読む、あるのかどうか知らないがスーパーマーケット協会に聞く、ご近所のうわさを聞く、納入業者に聞く。とくに商品を納入している問屋に聞くのが早い。新しいものは必ずあるはずだ。陰極まりて陽とは易経の言葉だが、たとえ世の中が軒並み不況の陰の状態でも、その不況をものともせずにトップを行く繁盛店は必ずある。そこに兆す「陽」の要素を探すのだ。

「まあまあ、ジュースいかが？　コーヒーがいい？　お抹茶もありますよ。女の子に入れてほしかったら、きれいなおねえさんもおりますし、男の子がいいんなら、可愛い新入りもおりますよ。え？　両方がいい？　それにしても大変ですねえ、この暑いのに。営業マンって、いろいろ回るんでしょう？」

「回りますねえ」

「移動販売とか宅配が増えてきて、スーパーマーケット業界って大変ですよねえ」

「みなさん、大変のようですねえ」

「でも、成功している店は必ずありますよね。回った中にありませんか？」

「いやあ、私が回ったところでは○×△スーパーマーケットというのがあって、あそこは繁盛していますよ～」

「立地条件かなあ」

「それだけじゃないと思うんですけどねえ」

「それ、どこにあるの？」

「○×県○×市です」

「一回私も見に行きたいなあ」

　場所を聞き出して、自分で行ってみる。そして取材するのだ。恥ずかしがってはいけない。

「どういう条件で、何やっているんですか」

　最初は客になって見て回る。サービスはどういうふうにしているのか。店回りはどうしているのか。どういう品ぞろえをしているのか。それから、店主・社長にインタビューだ。

「こんにちは。繁盛していて、いいスーパーマーケットだって聞きましたけど」

「おかげさまで、もう創業以来何年ですけど、ひいきにしていただいてます」

「最近は移動販売だとか宅配が多くなって、大変じゃないですか」

「実はねえ、うちも移動販売やってるんですよ。宅配も。宅配が来たからって宅配に負けてられませんからねえ。アカネコヤマトの宅配便ってのをやってまして、黒よりも赤のほうが勝ちますよ。わっはっは」

「はあ～。移動販売というのは？」

「移動販売と言いますか、井戸端販売と言いますかねえ。団地の奥様方のところに行くんですよ。団地一戸行くと全部行けるでしょう。私たちもね、移動販売には負けていられませんからね。団地をねらって段違いなんてね、わっはっは」

「ほうほうほう、さすがだねえ、大将、そうだよねえ。さすが、素晴らしい！」

と褒めたたえて、うちもやろうと帰ってくる。

戦いに勝つ情報の取り方

成功者には、成功している秘密が必ずある。

世の中には賢い人がいるのだから、人様のお知恵を借りたらいいのだ。

私は、必ず納入業者から、同業他社の生きた情報を聞くようにしている。自分のところに来る業者というのは、同業者にも納入しているのだから、生きた情報をいつも持っている。その営業マンが回ってないところの情報は他の営業マンから聞いてもらうのだ。

私が創業した会社は小売であり、問屋であり、メーカーでもあったが、問屋業として営業に行くときには、ショップは、

「今、売れ筋は何なの、どんなのやってんの」

ということを聞きたがったものだった。その情報をある程度教えることのできる営業マンが、「またおいでよ」ということになって、品物を取ってもらえるのだ。だから、絶えず業界紙は隅々まで読むこと。隅々まで見て、成功している実例を、一〇あったら一〇全部やってみる。そして必ず行ってみる。

そういう話をすると、小売店はとても喜ぶものである。問屋というのも、売れ筋情報を提供したり、小売店が繁盛するようなアドバイスのできる問屋が喜ばれる。

昔は、品ぞろえが多い（そこへ言えば何でもそろう）、納入が敏速ですぐ納入してくれる、欠品がないというのが、いい問屋の三条件であった。さらに加えて、値段も高くない、対応が丁寧で効率的、とくれば言うことなしだった。しかし、もはや時代は変わった。今ではもうひとつ、「小売店が繁盛していくようにアドバイスができる」ということが重要なのである。

私なら問屋さんに、しつこいぐらいに聞く。

「紅茶いかが？　肩こってない？　ネクタイいいね。いい豆が入ったんだ。コーヒーどう？　そうだ、酒飲みに行こうよ」

酒を飲みに行ってもしつこく聞く。問屋の営業マンは宝物である。問屋だって売れたら嬉しいのだ。その営業マンで足りなければ、同僚の持っている情報を「聞いてきてくださいよ。うちも大変なんですから」と頼み込む。

それでも情報が得られなかったら、私なら問屋の本社回りをする。それも大きい順に

成功している企業には、必ず成功の秘訣がある。まず、それを調べよ！

訪問して歩く。営業課長とか部長というのは、いろんな営業マンから話を聞いているものである。

「こんにちは。○○スーパーでございますが、お元気ですかあ」

「お、わざわざ来ていただいて。どうぞ、どうぞ」

「いや、御社の品物はみないい品物だから、次にどういうものを仕入れようかなあと思って来たんです」

と言いながら、いろんな営業マンや課長、部長に会って聞く。

「今ねえ、移動販売とか宅配とかって、スーパーも大変な時代でしょう。どういうふうにみなさんやってますか。いい情報ないですかねえ。成功しているところがあるはずなんだけど」

というふうに生きた情報を引き出す。成功しているところを教えてもらう。行って秘密を聞き出す。この競争の中で上手にやっているところには何か秘密・秘訣がある。理由もなく成功するはずがないのだ。それを絶対に探り出す。これはもう商店経営の原則と言っていい。それが仮に自分の会社と違うケースであっても、立地条件が違っていても、それを一ひねりすればけっこう使えるものである。

それが企業努力というものであり、アンテナというものである。熱意・情熱というアンテナを張っていたら、神仏のご加護で、必ずぴゅーんと情報がくる。ヒントがやってくる。そういう企業努力を誰よりも熱烈に、誰よりも熱心に、誰よりも徹底してやること。そうすれば必ず業績が上がる。業績が上がるまで余計なところに金を使わない。といって経費の削減だけでは逼塞して潰れるから、同時に今のような努力をしていけばいいわけである。

異業種の人材に目をつけろ

それからもう一つ。「現在は外商に力を入れて探しておりますが、なかなか新たに入り込むのはかなり難しい状態……」とある。

こんなもの、簡単に入れるようだったら誰も苦労しない。三越の外商、高島屋の外商、伊勢丹の外商、どこでもいい、外商のみなさんに聞いてみたらわかることだ。三越、高島屋、伊勢丹、小田急、阪急、西武に東武、どこでも答は一つだろう。競争は厳しいのだ。だから「今までのお客様のごひいきを大切にして」と言いながら必死でやっている。

そもそも、飛び込みの新規開拓が得意な人ならば、スーパーマーケットなんかやっているはずがない。「いらっしゃいませ。いらっしゃいませ」と迎えるのではなく、自分のほうから攻撃に行くのだから、正反対である。健康機器とか健康食品の訪問販売を長くやっていた人を、外商部に迎えて「あんたやりなさい」ではなく「私もやるから、あんたもやれ」と、率先垂範、自分も足りないながらやっていけばいいのだ。

スーパーマーケットで「待ち」の仕事をしていた人から見れば、自分のほうから飛び込んで開拓していくというのは、かなり難しいと感じるだろう。それは無理もない。外商で仕事を取りに行っている人で「簡単だ」という人は一人もいないのだから、それは当然。それはやはり難しいのだ。けれど、もっと難しいことをやっている人がいる。例えば証券会社の営業マン。さらに、何と言っても訪問販売のセールスマン。健康機器でも健康食品でも、どんどん飛び込んで新規開拓ばかりしている、そんな人が外商部に来たら、

「この外商部門というのは、面白いですねえ」と言うだろう。簡単だとは言わない。そう言うともっと行けと言われるから、前の仕事よりは簡単だなあと思いながら「やりがいがありますね」くらいは言うだろう。難しいとか、やさしいというのは、相対的なものなのである。絶対的に難しいということも、絶対的にやさしいということもないのだ。

資金的に大変だなんて言っていては、ますますじり貧になる。自分の給料を半分にし、身内の給料を少しずつ削り、ひとり分の人件費を何とか捻出してそういう人に来てもらい、外商部門を強くする。一緒に開拓して「ああいうやり方があるんだ」と自分も勉強していく。新たな攻撃力を持つことである。

開拓営業の鉄則

もしも、給料を削ることさえできないほど逼迫しているのなら、もう根性決めて「外商こそ生きがいだ！」と自分で開拓する。そのときのポイントだが、何軒開拓できたかなんて考え方ではうまくいかない。飛び込み軒数で考える。

また、もちろん言葉の使い方だとか粘り強い攻撃など、営業にはいくつかのコツがあるが、あまり作戦を考えすぎないで裸でぶつかっていくと、自然にやり方が浮かんでくるものである。あまり作戦、計略を立ててはいやらしく思われることもある。

「ぜひ、よろしくお願いいたします。私どものスーパーの特色は安くて、感じよくて、品質がいい、それだけです。よろしくお願いいたします」

と言って、何回もお辞儀していたら、

「じゃあ、お願いしようかねえ」

「ありがとうございます」

「でも、同じ商品じゃないの。値段はあのスーパーのほうが安いよ」

「あ、それはそうでしょう、私どもは品質が命、サービスが命です。アフターケアも万全、万一の場合の返品やお取りかえも喜んでさせていただきますし……」

真正面から行けば、まあいいかあと思ってもらえる。開拓営業は熱意と足を運ぶ回数である。

次に、今月は外商で何軒行ったか数えて、開拓できた軒数の確率を出してみる。もしも百軒飛び込んで五軒なら五パーセント。だったら、来月二百軒飛び込めば新規が十軒開拓できるではないか。開拓できたできないで悩んでいたら絶対に数値は上がらない。だから、飛び込んでいく軒数、訪問軒数がなにより大切。そこに一ひねり名刺を打って、とにかく何回も真正面からお願いする。品質はよく、納品体制は速やかで値段も安いと言う。「あんたのところは高い」と言われたら「それはたまたまその商品だけでございます。しかしそれも他と同じお値段にいたします」と言えばイーブンである。イーブンなら誠意があるほうに発注するものである。これが外商営業の鉄則である。

根性決めて一カ月間、何軒飛び込んで、何回お願いしますと頭を下げたかを自分でグラフを書いて挑戦していく。そうすれば、必ず、コンスタントに新規顧客が増えていき、業績は上がる。資金的にも豊かになっていく。

移動販売とか宅配とか、顧客を奪われて、売り上げが落ちていくという新しい要因は絶えず出てくる。コンピューター、繊維、健康食品、散髪屋、美容院、どんな業種でもある。同業他社も増えてくる。それを今書いたように乗り越えていくのが、企業努力というものである。

LESSON2　チャレンジ経営のヒント

「私は働く人の服を作っています。生地だけ仕入れて、自分でデザインして裁断して、全部うちで作っているんですが、最近、店の前を通るのは主婦ばかり。チラシもあまり入れないもので売れてません。本当は私、東京に店を出したいと思っているんです。自分が四五年ぐらいデザインしてやっていることを、東京に出して、いっぺん賭けてみたいと思うんです。ただ資金がないもんですから」

この相談者は関西の人である。

この人もやはり、人を上手に使うということを知るべきである。

この人にとって、東京というところはマーケットが未知なところである。四五年やっているといっても、東京で五〇何年やっている人もいるはずだ。六〇何年やっている人もいるだろう。中には七〇年やっているという人だっているかもしれない。

だから、東京でブティックをやってある程度成功している人と組んでやるか、そこで働いていた人、つまり東京のブティック事情に詳しい人と一緒にやっていくことである。

そばの味でも、関西と関東ではまったく違う。共通項もあるにせよ、ちょっとしたあんばいで成功、不成功が決まるだろう。そういうところがわかっている人と一緒に組んで、とりあえずテストで小さいところから始めてみる。資金が少ないのならば余計に、そういう人と組むという方法を探るべきである。

吉方位に注意して若い感覚を盗め

しかも自分の住んでいるところから吉方位のところで始めること。

こういうことをあまり気にしないという方もいるだろうが、ほとんどの経営者はよく方位を見たりしている。私も、気学や方位学はよく当たると感じている。建物や場所の話が出たとき、そこが自分の住所から見て吉方位かどうか。つてを探すときも、探すべき場所がいい方位になっている時を見て、探し始めること。そうすると、いい人が出てくる。さらに、その仕事の象意に合った吉方位が巡った時に探して行ったら、まず間違いなくいい人との出会いがある。

東京に詳しい人と出会って「東京ではこうしなきゃだめなのよ」といった意見ももらえるだろう。資金を出し合って始めるのもいい。もし何かもめて、途中でだめになるなら、だめになってもいい。最初は資金をあまり投入しないで、東京の仕事を覚えたらいいのだ。それがわかったら次には自分でやれる。

商売の勘どころ、ツボというのは地域によって違う。そこの見きわめがつかない、不安材料があるから踏み切れないというケースは多いものである。しかし、その先達を上手に使って、人と上手にやっていくというやり方がわかったら、何でもうまくいくものである。

相談者のように、四五年間ひとりでデザインしているというのは、もしかしてデザインの感覚が相当古くなっているとも考えられる。日進月歩、常に新しいものをやっているなら別だが、四十何年もやっていると頑固になるのが普通。やはり若い感覚、新しい感覚を持っている人たちと組んだりデザインをもらったり、新しい感覚のものを出して顧客を広げたほうがいい。

なによりブティックというのは好みである。店の品ぞろえが好みに合うと思えば、人は黙っていても来る。自分が今流行の店を見て、もしも、あの感覚はどうもだとか、最近は傾向の変わったやつが出てるなと感じたら、自分の感覚がもう年をとったと考えたほうがいい。そうなったらなったで、若く、新しく、別な感覚を持っている人に、デザインを委託で出したらいいのである。新しい品ぞろえができていけば「なかなかいいわよ」と、また新しい層が開拓できていくだろう。

私なんか、誰よりも若いつもりでいるが、自分が年をとっているということはわかっている。少なくとも二〇代ではない。だから二〇代の子に、いろんなことを「どうなの？　どうなの？　どうなの？」と聞き倒す。

今という時代の趨勢は、一九歳から二四歳ぐらいの間で測っていたら済む。だから私も一九歳から二四、五歳ぐらいの子とよく話をする。お茶を飲んだり、散歩したり、悩み相談を受けたり。それで「ああ、こういう感覚なのか」とわかるのだ。

桑田佳祐やユーミンが、いつもヒットチャートのトップを走るのはなぜだかわかるだろうか？　長い間音楽活動をしていたら、誰だって自分はベテランだとプライドも出る。しかし、若い人の感覚、今の感覚から少しずつずれてきて、自分が頑固になっているということもわかる。

そこでどうするかというと、桑田佳祐はとにかく絶えず「お茶飲まない？」と、高校生の女の子とペチャクチャペチャクチャ話すのだ。どういう恋愛体験を持ち、どういう好みなのかを絶えず取材し、学んでいる。それを編集する力はあるわけだから、そこからまた曲が生まれるわけである。

ユーミンも同じ。しばらくだめになった時期があって、あるとき一念発起、若い人たちの失恋体験というのを調査した。その結果を踏まえて、若い世代の生の声という感覚で作詞して曲を作ったら、また大ヒットとなったわけだ。

時代、感覚というものは、絶えず移り変わっている。ましてそれが「若さ」と分かちがたいジャンルであればあるほど、自分がいつまでもその当事者でいることはできない。その感覚を持っている人たち、若いセンスを持っている人たちを、上手に使うことであ

時代の感覚は、若者の感覚。それを絶えず取り入れよう！

る。

自分のセンスや好みは自分で持っておればいい。とくに流通やファッションは移り変わりが激しいから、若い人の感覚を謙虚に聞いて取り入れていくと広がりが出てくる。要するに、売り上げが上がればいい。繁盛すればいいのだ。それが経営者というものである。

私もそう。柔軟思考のつもりではいても、やはり、堅くなったなあと感じることがある。だから常に、より若い人の意見を謙虚に聞いている。自分の考え、感覚に固執しない。そういうふうに心がけている。

LESSON3　あのアルビン・トフラーもびっくり！ 創業資金の集め方

菱研の主宰するシンポジウムに、一度いらしていただきたい。大変勉強になることと思う。昨今だけでも、アルビン・トフラー氏、キッシンジャー氏、サッチャー女史、フリチョフ・カプラ博士らを招いている。

そのアルビン・トフラーさんと話したときのことである。トフラーさんは、学者的要素とジャーナリスト的要素と、両方を持っている人で、誰にでもすぐインタビューを始めてしまう。控え室でお目にかかって話したとき、私が、

「中小企業のコンサルタントをやっております」

と言ったら、

「ああそうかね。じゃ、私がコンピューター関係の仕事をやりたいと思ったら、あなたはどうアドバイスしますか。とくに資金はどうやって得るんですか」

と鋭い質問が来た。私はすかさず、すぱっと答えた。

「当然、まず、あなたの貯金をおろしなさい」

「アハハハ、貯金ねえ。なるほど」

「貯金を全部おろしてそれを資金にする。次に親戚縁者のリストを作ってお願いに行く。そういう場合、どの程度の角度で何回頭を下げて、どういうふうに言えばいいかを私がアドバイスしてあげるから、まず親戚縁者を回りなさい」

「その親戚は後で険悪な仲になるかもしれませんね」

「それはしようがない。後で考えること。しかし資金集めなら、まず親戚縁者を回る。次に友人を回ります」

と、いきなりこんな会話が始まってしまった。

集める金の種類

そのときに友達に言うセリフはこうである。

「こんな会社にしようと思って、貯金を全部これだけおろしたんだ。親戚縁者からこれだけお金を借りた。あとこれだけ足りないんだ……」

そう言って、友達に借りに行く。そのときは一千万円とか、何千万円なんてなかなか借りられない。百万円ぐらいを限度に考える。それが無理なら五〇万円。私の経験上、百万円ぐらいなら「何とかしよう」という友達が必ずいる。一〇人のうち九人は「今お金がないいんだよ」と断る。「そんなのやめろよ。お前なんかに貸せるか」なんて言う人もいるが、一〇人のうちのひとり、一割は必ず貸してくれるものである。

ところが意外なもので、親しかった人が貸してくれるとは限らない。苦しいときに相談に乗って面倒を見た相手でも、いざとなったら全然貸してくれない。ところが、何回か会っただけなのに「そうか。僕も少しぐらい援助するよ」と言って金を貸してくれる人もいる。この人は大事にしなくてはいけない友達である。

「百万円貸して」と百人を訪ねたら、一割で一千万円集まる。たくさんの友達を小まめに回るのが、確実に金を調達するコツ。少数の人にお願いして全部を集めようと思ったらまずだめである。

「まず、自分の金を全部出さなきゃいけない。次に親戚縁者に出してもらい、次に友人です。そうして資金は集めます」

と私は答えた。

アメリカの場合は、中小企業が何かをするときに、資金を援助したりする制度が発達していて、けっこう借りることができるらしい。日本にも似た制度があることはあるのだが、めったに活用できることはないのだ。

とくに担保がないと難しい。担保がない場合、ある程度の自己資金があって、少なくとも三年以上の実績がなければ、そうおいそれと銀行は貸してくれない。信用協会だって同じことである。担保も信用もない人間がビジネスを始めるには、まず自分のなけなしの金をはたき、親戚縁者に頭を下げ、友人に頭を下げて借りる。これしかない。トフラーさんは感動して「なるほどなあ。これは活きたノウハウですね」と言っていた。

集めた金の返し方

さらにトフラーさんが聞いてきた。

「銀行などで借りるのはどうですか」

「担保がないと貸してくれませんよ」

「では、カードで借りまくってローンをする。そういうやり方はどうなんだ」

と聞いてきた。

「そんなのだめです。カードで借りた金は返さなくてはいけないでしょう。友人から借りた金、親戚から借りた金というのは、頭を下げて、済みません、もう一カ月待ってください と言えば、待ってくれます」

それに、金利を取るという友達はめったにいないから、返済期間を長目に借りたらいいのである。催促されたら、

「済みません。頑張っています。月々八千円ぐらいなら返せるんだけど」

「八千円なんかいらないよ」

「でもまあ、気持ちだから受け取ってよ。八千円が一万五千円になり、一万五千円が二万円になり、二万円が三万円になっていくから……」

「わかった、わかった。気持ちだけでいい。八千円でいいよ」

ということになる。八千円をずうっと返していく。少なくとも返す気持ちはあるわけだ。業績がよくなったら金額を増やす。

「喜んでくれ、今月から一万五千円ずつ返せる！」

と。中には「金利つけるなら貸してやる」なんて言う友達もいるだろう。それを「せこい」と思う必要はない。銀行金利と比較して、安ければ借りたらいいのだ。それより

なにより、サラ金からは借りないこと。定期的に返済しなくてはならないし、金利も高い。そんな金を借りてはきつくなるだけである。

最初の三年間は試行錯誤。毎月確実に返さなくてはならない借金を元手にスタートするというのは無謀だ。返済だけで頭はパニックに陥ってしまうだろう。しばらくは返済しなくて済み、金利もないという資金を元手にして、会社の業績が上がってきたら、保証協会から金を借りるとか、カードで借りるとか、少しずつ考えたらいいのだ。

まずは現金商売

手がける事業だが、最初にやるのは現金商売。

信用なんかないのだから、支払いは現金でやるしかない。つまり現金が入ってこなくては商売が続かないわけだ。

よしんば約束手形を振り出すにしても、自分を含めて経理はずさんだろうから、怖くてしかたない。「ね、ね、あれ、金入ってた?」なんてのんきなことでは、たちまち首が締まってしまう。もし、ゼロから会社を始めて三年で、ぴちぴちぴちぴち約束手形を振り出すだけの安定収入を得られたら、大したものである。最初の数年間というのは、入金があったりなかったり「不確実性の時期」だと覚悟したほうがいいようである。

とにかく現金商売をやること。

家賃、給料、水道代に電気代に光熱費。固定費というのは、ほとんどが現金での支払いである。もしも人様から手形をもらったら、銀行で手形を割らなくてはならなくなる。割引手数料を何パーセントか取られたら、それこそ利益なんてふっ飛んでしまうだろう。だから現金が入ってくる仕事がいいのだ。日銭が入ってくるか、月々現金が入ってくる仕事。信用も実績もない人間が、ゼロから会社を起こそうと思ったら、そこから始めるのが無難なやり方である。

そして、金を貸してくれた友達は「人生の友」として大切にする。

「君に金を借りてよかったよ。会社の業績よくなってきたのは、君のあのときの資金のおかげだ。本当に恩に着ている。恩返しで一〇二万円返すよ」

だとか、二年間、昼食をただで食べさせるだとか、冗談はともかくとして、とにかくいつまでも恩を忘れないで大切にしなくてはいけない。

そういうふうにトフラーさんに言ったら「ほお～」と聞きいっていた。

夢と希望で資金調達

さて、ある程度会社が大きくなってきたときに、資金調達をどうするか。

普通だと「銀行から借り入れる」なんて考えるだろう。これも悪くはないが、他人資本を借り入れるというのは、実は株式会社の派生的な特性なのである。株式会社というものの基本的特性というのは、株の発行によって資金を調達するということである。

だから株を発行する。その上で、銀行からの借り入れも考える。株を発行すると言っても、上場なんかできないのだから、引き受け手を探さなくてはならない。そこで再び友達の出番である。

「見てくれ。こんなに業績が上がってきたんだ。それもこれも、最初に君が百万円貸してくれたおかげだよ。だからね、たくさんでは困るんだけど、君、株を持ってくれんかね。ともに我が社を支えてくれんかね。たくさん持ってほしいところだけど、心が変わったら牛耳られるかもしれないから、ひとりのパーセンテージは落とすんだけどね」

と、株を持ってもらう。これはありがたい。なにしろ、返さなくていい、金利を払わなくていい金である。まずそういう金を集めて、その次に、返さなくてはならない金、金利のいる金を借りたらいいわけだ。

業績がよくなったら、時々配当する。するけれども、

「我が社は発展につぐ発展だから、内部留保のほうになるべく回したい。今年は配当はないけど、三年後、五年後を見ていてくれ」

と。夢と希望くらい見せなくては友達もやり切れない。三年後、五年後には、

「現実は厳しいなあ」

「……」

「厳しいからこそ一致団結、社員旅行は海外に行くんだけど、君一緒に来ないか」

と、少しは優遇措置をとる。あるいは、

「頑張ってるんだが、なかなか配当もできなくてすまん。株の配当は少ないかもしれな

いが、まず会社が存続しなければだめだろう。最初の資金がだめになっちゃうものなあ」

そして、時々思い出したように、ちょっと配当する。一緒にゴルフに行ったりして遊んでいたら、その友達も

「うん、頑張れよな」

それが友達というものである。その人が満足して、喜んでいたらいいわけだ。偽っているわけではない。誰だって、自分の友人が成功していたら嬉しいはずである。「君のおかげで今日の僕はある」と、いつもお礼、感謝を忘れないことだ。

今度は金の貸し方指南

そのかわり、友達が困ったときには貸してあげなくてはいけない。

「君、そういうふうに言うんだったら、僕も困っているからお金貸してくれよ」

と来たときに、一千万円貸してくれと言われたら、なかなか難しい。借りたのは百万

円だ。しかしそれを断ってはいけない。

「済まん。気持ちは山のごとく、海のごとく大きいんだけども、うちも大変だから、一五〇万円で辛抱してくれ」

彼が出してくれた金より少し多目に貸してあげる。これが恩返しだ。断わるわけではないから気持ちは残る。友達関係も維持できるわけだ。貸しても返ってこないだろうなあという場合には、額を縮小して、できる範囲で出してあげる。返してくれたら返してくれたでいいし、最悪の場合も被害は最小限度で済む。希望する額でなくとも、協力してくれたということで、成功した場合には恩に感じてくれる。

全く断るというのは、その場で友人関係も終わってしまうだろう。だから、終わったほうがいい友達の場合には、即刻断わる。金の切れ目が縁の切れ目。本当にいい友達の場合は、縁の切れ目にならないように少し出す。そして励ます。簡単な処世術であるが、知らない人は知らないものだ。

トフラーさんは、「なるほどなあ」と、大笑いしていた。

そして、アメリカの笑い話を教えてくれた。

ガールフレンドがたくさんいる男と、ひとりもいない男がいた。

「どうすれば君のようにガールフレンドをたくさん持てるんだい？」

もてない男が、もてる男にそうたずねた。

「簡単なことさ。いいかい、まずバス停に立つんだ。バスが来ると降りてくるだろ、女が。そうしたら一人ひとりに、こう言うんだ。『お美しいですね、僕と交際してくれませんか』『素晴らしいですね、交際してくれませんか』って。必ず全員に言うんだぜ。そりゃあ、ときにはパチン！　と殴られたり『何よ！　失礼ね！』と言われたりもするさ。しかしね、中には『いいわよ』と言う女もひとりや二人はいるんだ。それを毎日続けてみなよ。どんどんガールフレンドが増えてくるわけさ」

「これと同じだねえ」

「そうです、全く同じです」

トフラーさんと二人、大笑いをした。

不渡りは世渡りなり

現金商売から始めて、やがて手形を受け取るようになると、中小企業というのは、いつ不渡りを食らって倒産するかわかったものではない。だから、中小企業倒産防止共済法というものがある。月々の掛け金は経費で落とせるから、これには入っておいたほうがいい。

何千万円もの不渡りを食らうと、あっという間に連鎖倒産してしまう。そういう場合でも、不渡りの手形を持っていくと、その金額を、半年間据え置き五年均等払いで融資してくれる。無論、返さなくてはならないが、これは助かる。私も二回ほどそれを使った。本当はなくてもやっていけたのだが、せっかくだから借りておこうということで借りてみた。

手形をもらうようになったら、危なそうなところとは取引しないほうがいいのだが、売り上げを伸ばしたいというときには、それでも納入したくなる。そして不渡りを食らうわけだ。不渡りを食らったときの問題がもうひとつある。営業マンが気落ちすることだ。その結果、ちょっと危なそうなところには、怖くて飛び込めなくなり、営業マンの資質がそこでだめになってしまうのだ。

そこが勝負。

「不渡りと世渡りというのは似ているんだ。世渡りというのは、不渡りを食らうということだからね、こんなものに気落ちしちゃいけない。だから、危なそうなところにどんどん飛び込んで、今月中にもう一発不渡りを見せてくれ。二度あることは三度あるというだろ、うちは三度まで不渡りを食らっても大丈夫なんだ。だから、不渡りがありそうなところに飛び込んで行けえ」

とやるのだ。不渡りを出す会社というのは、またこれもそう簡単に見つからない。実際には、不渡りになりそうなところに、本当に行こうとは思わないのだが、怖くて飛び込めなくなっているときに「どんどん行け～」と言ってやる。

これは過去に実際にあった話なのだが、その翌年一年間で、その営業マンは頑張って頑張ってリカバリーした。不渡りを食らったときに、気分が落ちてはいけない。経営者は「もっと行け～」と言わなくてはならないのだ。

株は店頭ではなく身内公開でいけ

そんな具合に、トフラーさんとは、実践的中小企業論を話したわけである。

実際に私は、何もないところから、今述べてきたようなことをしてきた。株も発行した。もちろん、その分のお金をあげて、その分だけ回収するという方法をとった。ただし、株主は身内。従業員の家族を含めた持ち株制度である。

身内に株を発行するというやり方で、資金調達できるわけだ。銀行から金を借りたら返さなくてはならない。株というのは、夢と希望と時折の配当を支払えばいい金である。欧米の場合は配当がなければ誰も出資しないが、日本では、そういう方法もあるわけだ。

銀行から借りる前にこちらを先にすべきであったが、これは、銀行が金を貸してくれないときに、どうしようかと悩んだ末の知恵である。結果として、みんな繁栄している。成功してから、株を引き受けてくれた人にも、きちんとおつりと配当をさしあげて全部返済した。

「お役に立ってよかった」「ありがとうございました」と。

創業後五年目から黒字が出て、累積赤字は八年か九年で全部返すことができたのだが、最初の四年間はずうっと赤字で、人を抱えて苦労した。「絶対に乗り越えていくんだ！」と乗り越えてきたわけだが、そのときは、銀行からも他の金融機関からも、全く金を借りられなかったのだ。あらゆる方法を試みて、「あ、株を発行すればいい」と気づいたのだ。

株というと、上場か店頭公開かと思い込むが、なにも店頭公開することはない。身内公開、友人公開したらいいのだ。海は外海ばかりが海ではない。瀬戸内海のように、穏やかで豊かな内海も存在するのである。

学者、ジャーナリストあるいは大きな会社を経営している人の講演やコンサルタントと、私のように、中小企業をゼロから始め、赤字を乗り越えて、初めてにじみ出てくる知恵をもってコンサルタントをする人とは、大きな違いがある。

「中小企業倒産防止共済法、知らなかった」とノートにメモして「大変参考になった」と感動された。あのアメリカの頭脳、アルビン・トフラーも、中小企業のコンサルタントに関しては、私のレクチャーを受けて帰られたというわけである。

●第五章●

社長よ大志を抱け

人生はゲームだから努力する

菅原道真と牛

世の中には成功した社長というのも大勢いる。

そういう人たちと、なかなかうまくいかない社長たちとで一番違うのは、ポリシーや個性、何かしら自分独自のものを持っているか否かという点である。しかもそれは吸収力の差となって現れてくる。独自のものを持っている人というのは、例外なく、テレビを見ても、本を読んでも、人の話を聞いても、「あ、これはためになるな」「これはこう吸収しよう」と、ヒントになるところを吸収して応用することができるのだ。

頭脳の吸収力と言えば、学問の「神様」・菅原道真公の右に出る者はいないだろう。道真公にはいろいろなエピソードが伝えられているが、牛が好きだったという話はご存じだろうか。

農機具を黙々と引っ張る牛は、いわば根気とパワー、体力の象徴である。ところがシュワルツェネッガーと違って、牛は何もビーフステーキを食べて体作りをしているわけではない。ま、共食いは避けるにしても、栄養豊かなものを食べていて不思議はないのに、実際に食べているのは干し草、わらである。

そんなものを食べていながらあれだけの筋肉がつくのは、牛が四つの胃を持つ反すう動物だからである。人間にとっては何の栄養価もないわらも、繰り返し反すうし、何度も口でシガシガして、四つの胃を通る間に、わらの繊維質が分解され、栄養として吸収されるのである。この吸収力。そして、何度も何度も反復、反すうする力。コツコツ、コツコツ、コツコツといく。まさに鈍牛。

「学問の道に王道はない。牛の道があるんだ」

菅原道真公が牛を好いて、大切に思っていた理由である。学問するにあたっての、我が師なりとでも感じていたのではないだろうか。

経営と聖賢

『近思録』の中に、

「聖は天を希《こいねが》い、賢は聖を希い、士は賢を希う」

という言葉がある。私の好きな言葉だが、聖人というのは、天つまり大自然の道を見て、ものごとをはっと悟る。大自然から直接学びとることができる。

賢者というものは、聖人つまり孔子や、老子、諸葛孔明といった素晴らしい聖者から学び、聖人になろうと努力する。希いというのは、「そうありたい」と希求することである。

士というのは中国で言う士大夫のこと。要するに地元の名士。地元の名士というのは賢者を見て、

「賢い人だな。立派な人がいるもんだなあ。私も、少しは立派な賢い人間になりたいな」と思う。

経営者に当てはめて考えてみよう。中小企業の社長は、地元の優良な地場産業の会社を見て、ああいうふうになりたいな。中堅企業の立派ないいものを吸収して勉強していこうと考える。

中堅企業の経営者なら、松下幸之助だとか土光敏夫に憧れて、いいものを吸収して勉強していこうと考える。松下幸之助や土光敏夫は、豊臣秀吉のようなすごい人になりた

いなと憧れる。そして秀吉をはじめ、歴史上の素晴らしい人物は、天地自然そのまま、何もなかったところから、ハッと学ぶことができた。

例えば織田信長というのは、まさに革命的な天才であるが、そういう人には教えてくれる人はいない。ヒントはあったにせよ、独自なものである。孔子、老子、お釈迦様、マホメット、無から有を生んだ人というのは、みな、何もないところ、つまり天から直接受けたのだ。

では一般ピープルは、賢人からしか学べないのか。天からは受けられないのかというと、決してそうではない。賢からも、聖からも、天からも学べばいい。最初は賢にしか目が行かないかもしれないが、最終的にはすべてから学ぶ。経営者はそういう発達段階があるということを知ったうえで勉強することが大切である。

経営者に座右の銘は必要か？

経営者が全員、この「聖」のような段階の人であれば、どんな話を聞いてもぱっと吸

収して明日からの経営に生かせるだろう。しかし、なかなかそうはいかない。とくにサラリーマンが独立して間もなくというのは、

「会社をどうしよう」

「あんな素晴らしい個性の会社があるのか。自分の会社は何の個性もなく、哲学もなく、掃除もしない……全然だめだなあ」

「自分の会社に、どういうふうに個性を持たせたらいいんだろう」

と思い悩むものである。しかし個性というのは、はじめから備わっているものではない。ただただ夢中でやったり、ひたすら興味の対象を追求したりした結果として、後から出てくるものなのだ。

哲学も同じことである。経験の中から自然発生的に生まれる。

これがうまくいくなという感じ。これがはじめである。そして、その感覚を適切に表現する何かの言葉に触れたときに、

「あ、これは真実だなあ」

と感じるわけだ。そして、それが座右の銘となる。

「私、座右の銘ってないんですよ、先生」

「いやあ姪御さんを呼んできて、右に座らせればいいんじゃない」

「ワハハご冗談を。みな座右の銘があるのに、私ね、どれもいいと思うんですよ」

「一週間ごとに変えたらいいじゃないですか。本日の座右の銘でもいいじゃありませんか。座左の銘もいいですよ。右にも左にも銘を置けばいい」

これは笑い話だが、そんなものである。話を聞いて吸収する素養のある人はもう問題ない。そうでない人が、個性だとか哲学だとか、思い悩むのは時間のムダである。まず行動。後から哲学がやってくる。

いわしの頭も信心から……これが成功の秘訣

きちんとした経営コンサルタントの話というのは、常にいくつかの実例が紹介される。その話を聞いて、自分なりに吸収できる人は放っておいても吸収する。でき上がった経営者というのはそういうものである。

ところが、大半の経営者はそうではない。従業員がせいぜい二〇～三〇人、個性もない、フィロソフィーもない、自分にも自信が持てないし、会社は赤字続きで、黒字を出したことがない。天から「ハッ」と来るようなものもない。同じ「ハッ」でも、当座預金の残高を見て「ハッ」とする人が大半である。

「ハッ」として銀行に行っても全然貸してくれない。

「うちじゃちょっと。信用保証協会というのがありますから、そちらへ」

信用保証協会へ行っても「いやあ……」。こういう人が多い。

しかし、そこを乗り越える人もまたいるわけだ。そしてこの人たちには共通項がある。志を持って貫いているというポイントである。そのユニークな実例を、ある講演会で船井総研の三上氏から紹介していただいた。たとえばある社長は、「毎日掃除をするんだ」と決めて、毎日三時間掃除する。「毎日手紙を書くんだ」と決めて毎日書き続ける。「種まで無肥料のものを作るんだ」と決意して中国まで種を探しに行く。あるいは「社員に権限委譲するんだ」。そういうふうに貫いて事業が成功したと。

簡単なようで難しい。難しいようで簡単。そういったことが、その人なりの志を貫く表現なのである。

何でもいい、やってみる。「会社に行ったら、首をとにかく三千回振るんだあ」「ドアを三千回ノックしてから入るんだあ」というのは冗談だが、とくに意味もないようなことでもいい。やがて意味を持ってくるのだ。

何でもいいから、自分なりに志を持って貫く。毎年社員を旅行に連れていく、朝、必ず太陽を拝んでから仕事をする、とにかく自分なりに志を持つ。志を持ったら、必ずそれを貫く。一〇年、二〇年貫く。そこにおのずから個性が出てくる。哲学が出てくる。そして成功したときに、それが成功者の哲学となるわけである。

志というのは心が指す方向である。目をさすのは目刺し……。目刺しの頭も信心から、もとは、いわしの頭も信心からと言うが、ここに真実がある。「心がける」程度ではだめ。「こうなんだ」と貫く感じ、ニュアンス。それが志だ。僕はこうしていくんだ！と志をたてる。それが、つまらないことであればあるほど個性的である。

毎日必ず、ミミズを一匹探して供養するというのでもいい。毎日一匹、ミミズを並べて三〇年続ける。「見てください。これが三〇年かけて集めたミミズのコレクションです」「ほう、すごいなあ。不気味な社長だな」と思われるかもしれないので、これはやめた方がいいが、ここまで個性的だと、これもひとつの成功の秘訣になる。

もうひとつ、これも三上さんに聞いた話だが、あるコンニャク屋さんが倒産した。しかし「なにくそ、またコンニャクで頑張るんだあ」と、四年かけて全部返済して、ついに成功を収めたという。

会社が倒産したらどんなに悲劇か。債権者に追われて、普通だとがっくりしてしまう。定年退職者の例ではないが、病気になったり、下手すると逝ってしまいかねない。それを四年かけて返済して「もう一回コンニャクでやるんだ」という志のものすごさはどうだ。すさまじいばかりの貫く精神。魂の力である。かっと御魂がふるい立っている。だから成功するのだ。体も運も人もついてくる。その貫くプロセスでフィロソフィーができて、個性も出てくるのだ。

むだを省くとはどういうことか

私自身、これに類した出来事があった。

あるとき、ふと自分の時間の使い方にむだが多いような気がして、もっと有効な時間の使い方をしようと考えたことがある。

ところが、そうしてよく考えてみると、何だか、何をするのも時間のむだという気になってしまい、まずスケジュールに入っていた阿蘇行きを、別に行かなくてもいいんじゃないかと考え始め、次々にあれもこれもと、考え始めたのだ。

「九州でセミナー開くのに、別に阿蘇山まで行かなくてもいいだろう。衛星放送してもいいし、放送でなくとも福岡へ行けばたくさん人が来て効率的だ。わざわざ阿蘇山でセミナーすることないじゃないか」

「バイオリンの練習をしたところで、プロじゃないし、売り上げに関係ない。歌うのも、上手な人がたくさんいるんだから、ＣＤをかければいいや」

と。ピアノも一生懸命やって、リチャード・クレイダーマンの曲が弾けたときには感動した。でも、しばらく練習しないとまた弾けなくなるのだから、ＣＤをかけたほうがよほどいい。みんな時間のむだのように感じて、やる気が失せた。

これはいかんと思い、あらためて、今まで自分が生きてきた人生はどうだったかと思い返して、わかったのだ。いったいむだとは何か？　むだでないとは何か？　いったい誰がそれを決めるのか？

むだと感じてすなおに反省したところが悪かった。経営者たるもの、むだを反省してはいけないのだ。少々飛躍するが、これは成功の原則である。

そこを、以下にもう少し説明しよう。

人生というゲームが楽しければ運も回る

例えば囲碁。あるいは将棋。こんなもの、よく考えれば白と黒の陣地の取り合い、駒の取り合いではないか。それが何になると言うのだろうか？　呉清源、升田幸三と、名人・天才はいる。だからと言って、それに生涯をかけて何になるのだろう。人が勝手に作ったルールではないか。囲碁四段、将棋五段と言うが、その四段になるまでに、どれだけの時間と労力を費やすのだろうか。

例えば野球。球を投げて打って走るだけのこと。ゴルフ。穴に球を入れるだけのこと。テニス。コートの中で球の打ちっこをするだけのこと。どれもこれも、人が勝手に決めたルールを守りながら、一生懸命にやっている。

小さいころからテニス一筋に生きて、人が勝手に作ったコンテストやトーナメントで優勝したとかしないとか、プロになったとかなれなかったとか。人が勝手に作ったルールのために一生懸命努力する。これはいったい何なのか。

囲碁も、将棋も、ゴルフも、野球も、テニスも、運動にはなるだろう、頭のトレーニングにはなるだろう。しかし、その複雑なルールを覚えて、人生の大半の時間を費やして、ゴルフがうまくなった、野球がうまくなった、テニスがうまくなった、だからといって、それが何になるのか？　健康を考えるのなら、ランニングしておればいいのではないだろうか？

人が勝手に決めたルールを、さも天地の法則であり、神仏がお定めになった道であるかのごとく一生懸命練習する。それで一生終わっていく人というのは、いったい何なのだろうか。しょせん遊びではないか。

そう考えていくと、どうだろう、体から力が抜けていきはしないだろうか？

さあ、遊びというものをよく考えてみよう。

遊びには緊張感がなくてはいけない。もしも緊張感をなくすと、ゴルフもテニスも野球も、囲碁も将棋も、まるで面白くなくなる。緊張感があればこそ、ある一定のルールの中で、勝った負けた、うまくできたできなかったと一喜一憂することができる。遊びとはそういうものである。

人が勝手に決めたルールがあって、その中で緊張感を持つことができる。つまり一生懸命、真剣になれるときがあって、そこに自分なりに意義を見出すわけだ。言い換えよう。志を貫くことそれ自体が尊いことなのだ。

だから、人生は全部遊び。緊張がある。キンチョーがあって、蚊とり線香もあればアースもある。

人は結婚するために生まれてきたわけではない。会社を経営するために生まれてきたわけでもなければ、健康になるために生まれてきたのでもない。

魂を錬磨向上させ、自分の中身を向上させるために、肉体を持って生まれてきたのだ。これは何も私だけの考え方ではない。古今東西の哲学者、宗教家、聖人たちが言ってきたことである。

この社会というのは、すべて人が勝手に決めたルールである。その中で緊張感を持って、嬉しかったり悲しかったりしながら、とにかく何か志を持って貫くことが尊い。そのプロセスの中でフィロソフィーが生まれてきたり、人間的な向上がある。魂が磨かれる。そう考えたらいいのだ。

プロセスが尊い。

意味もないことに一生懸命努力する。それでいい。そんなこととして何になるんだと言われたら、「じゃあ、あなたの人生は何になるんですか」と問えばいい。

「どんなに会社を成功させて財産を残しても、死んだら持っていけない。遺したところで、子供が会社を潰すかもしれない。地位や名誉や財産、何になるんですか。死んだら持っていくんですか」

と。何もならない。逆に言えば、何でもいいのだ。その人が素晴らしいと思えばいい。バイオリンでもテニスでも何でもいい。

「私はご飯を一〇分で食べる修行をしております。いかなる食事も一〇分。満漢全席も一〇分で食べます」

それでいい。役行者が空を飛ぶのと変わらない。囲碁がうまくなるのと変わらない。どこが同じかといえば、何かこうと決めてやるプロセスが尊いということだ。

話を戻すと、私は「今まで自分はそうしてやってきたんだ」ということを再確認した。そして、とにかく志を持って何かをやったとき、必ず神様が動き、運が出て、すべてが整ってきたということを改めて認識したのだ。

すなわち、成功の原則である。

志は気の帥である

「志は気の帥なり」

という孟子の言葉がある。志をしっかりと持つと、自分の気が統帥されて動き出す。あるいは「浩然の気を養う」ということもある。要するに、ヤルゾーッ！と志を持っていくと、気が動くのだ。

志があれば、心が指して気が動く。気が動けば、気が巡って知恵がわく。人が集まる。金が集まる。これを総称して運を呼び込むと言う。

気が動くところ知恵も出てくるが、熱意も出てくる。意が熱を帯びてくるわけだ。松下幸之助は「熱意があれば動く」と言っていたが、熱意は志によって出ずる。心が指すものに対して熱烈に思うから、意に熱を帯びてくるわけである。そうすると知恵がわき、気が動く。

「あ、こういうふうにすればお金ができるな」

「あ、こういうふうにすれば人が喜ぶな」

「あ、こういうふうにすれば新しい製品ができるな」

ぱぱぱっと知恵が巡ってくる。人が集まる方法がわかる。金も集まってくる。売り上げが上がる。利益を出せる。経費が削減できる。という形で、全体に運が集まってくるのである。

大きな志・大きな知恵

ある時、アサヒビールの某氏が、「志の経営」というテーマで講演をした。この人は、スーパードライ戦争を陣頭指揮した営業部長であるが、その話を聞いて、私は非常に感動した。

アサヒビールというのはずっとキリンに水をあけられていて、パッとしなかった。そこでマッキンゼーを入れて「その通りにやるんだ！」と、とにかく消費者に喜んでもらえる商品、アサヒビールが好きな消費者に喜んでもらえる商品開発を行なったのだそうだ。そして、スーパードライ戦争以来、連戦連勝である。

私は今、もう少し別の角度で「志」を解説しているが、共通するのは、もっと大きな志を持ち続けなくてはいけないということである。

ますます志を大きくしていったら、大きい志の分だけ、大きな気が動く。大きな気が動けば、大きな知恵がわいてきて、大きな熱意が出てきて、大いに人が集まり、大いにお金も集まる。

御魂が奮い立つということが、結局は運を呼び込むことなのだ。会社をやっていれば、もめごと、トラブル、困難、悩みごと、そんなものは絶えずある。造反劇もあれば不渡りを食らうこともある。持ち逃げされることもあれば、倒産もある。しかしどんなことでもいい、そこで絶対に志を曲げないで貫く。

やはり、上に立つ人間の志が落ちて、目前のもめごとに心が入ってしまってはだめ。もめごとはもめごと、トラブルはトラブル、問題は問題で解決しなくてはいけないのだが、知性だけでやればいい。心はもっと関係ないようなことに振り向ける。有意義なことが見出せなければ、無意味なことをやればいいのだ。経営者の志すところに気が動き、知恵がわいてきて、人が集まり、金も集まってくるという運気。社運というものは、そこから来るのである。

志を大きくすると、その分、気が動き、熱意が人・金を呼び込む

文科系の経営者はむだをしろ！

私がピアノを始めたのは三五歳のときであった。リチャード・クレイダーマンの曲を一曲、きれいにさあっと弾けたら、弾き終わった瞬間、パタッと死んでもいいんだとやり始めたら、ピアノを弾けるようになった。

「今さらこの年で」と思ったら、もう何もかもだめになる。何でもいい。志に気が動き、知恵がわき、人が集まって、金も集まって、社業は絶対に繁栄する。身をもって体験したわけだが、四五の手習いなんて、時間のむだと言えば全部時間のむだ。しかし私は思ったのだ。私の人生の目標は、なるべく時間のむだをすること。なるべく余計な労力を使うこと。そして無意味なことに専念することだ、と。

「やるぞ！」という元気が出て、やっぱり阿蘇へ行こうと決めた。人が来なくともいい。「神様、阿蘇の神様、見ていて下さい。私はやります」と言ったら、阿蘇の神様が「あ、そ」。その、ばかなギャグを衛星放送で言うために、そのためだけにでも阿蘇山に行ってやるんだと決めた。

しかし、それに一意専念していると、「阿蘇山には何かあるんじゃないか」と思って、まさに気が動き、知恵が動き、人も来る。「目に見えない神なるもの」や運というのは、そうして情熱を傾けなくては動かない。だから「こんなのはむだだ」とは決して思ってはいけない。

「そうは言うが、あのトヨタはどうなんだ。徹底してむだをなくして成功しているじゃないか」

という反論もあるだろう。当然、工場はそうだ。工場生産だとか、機械の能率というのはそう。しかし、経営者はそれを言ってはいけない。文科系の人間は、なるべくむだをすることである。

前の章にも書いたが、一軒の上得意を見つけるためには百軒歩かなくてはいけない。逆に言えば、一〇軒の上得意を見つけるには、千軒歩けばいいわけだ。だから九九軒を無意味に思わないで歩く努力がないと、絶対に成功した経営者にはなれない。大きな努力をして小さな成果でいいんだという気持ちでなければ、ばからしくてできなくなるからだ。

迷うことはない。無意味なもの、ばからしいもの、人生そのものがそう。ゴッホの絵？　人の顔があるだけ。オーケストラ？　音の組み合わせ。書道？　黒いミミズが這ったようなもの。しかし、そういうものに専念して志を持って、命をかけていくんだというような人だからこそ、フィロソフィーというのがそこから出てくる。だから、フィロソフィーを作ろうと思ってはいけないし、個性を作ろうと思ってもできない。後から出てくるものである。まず何でもいいから自分なりに志を持って、それに向かって貫く。

朝、必ずご神前で祝詞《のりと》を三〇回上げるんだとか、太陽を拝むんだとか、無意味なことであればあるほど、個性的である。「あそこの社長は面白いんだよ」「あの社長は変わっているんだよ」――変人と言えば変人。どうだろう、これならやれそうな気がしないだろうか？

●第六章●

人は石垣、人は城の
ウソと真実

一番難しい社員六〇人の会社

最後のこの章では、ちょっと辛口の中小企業経営の真実を明らかにしていきたい。経験と見聞と、つまり現実に裏づけられたホンネの中小企業診断とも言える。会社をダメにするダメ社長とはどんな社長か。会社を揺るがすダメ社員とはどんな社員か。そして、それを救うのはいったい何者なのか。

心して読んでいただきたい。

まず、会社の規模について入っていこう。

商工リサーチの調査によると、一番よく倒産する会社の規模というのが、従業員六〇人の会社。これが目安。順調に発展してきて、従業員が六〇人ぐらいになった会社というのが一番倒産率が高い。

あなたの会社はどうだろうか？

それ以下の会社なら、小は小なりの良さがある。

例えば二〇人なら二〇人、三〇人なら三〇人の規模の会社の場合、社長の目は隅々までいき渡る。セミナーではいつも言うことだが、従業員二〇人、三〇人の小企業の場合は、社長の商売の才覚が九五パーセントだと考えていい。極端な話、社員はお茶を汲むだけ、鍵をかけるだけ、車を運転するだけでいい。社長の商売の才覚が九五パーセントだ。社長に商売の才覚がない場合は、たとえ二〇人、三〇人の小さな会社であっても、引っ張っていくことはできない。

小さい会社の良さをさらに挙げると、例えば小回りがきく、アフターサービスがうまくいく、あるいはまた、一般管理費がいらない分、値段を安くできるという点が挙げられる。値段が安くて、細やかなサービスがあって、小回りがきいて、というのが、小は小の良さ、長所である。

ところが、ある程度大きくなってきて、六〇人ぐらいになってくると、問題が起きてくる。一人の経営者が管理できる人数というのは、六〇人がひとつの限度なのである。そうすると、小回りやアフターサービスといった面で、大手に頼むサービスと大差なくなってくるのだ。

好むと好まざるとに関わらず、中途半端になってしまう。小企業のような細やかさは消え、むしろちょっと大ざっぱになる。と言って、大企業のようなスケールメリットもない。それが、大体、社員数六〇なのである。

いいかげんになってくるものだから、取引先から見れば、社員が二〇～三〇人でやっているところのほうが都合が良くなる。何でも言うことをきいてくれる。無理をきいてくれる。支払い条件にしても、掛け率にしてみても有利。日曜祭日でもやってくれると。小には小の生き残る道があるわけである。

社長の目が届かなくなり、社長の才覚が末端までいき届かなくなる規模。これが非常に危ない。一番倒産率が高い。それが社員数六〇なのである。

二百人の会社にするポイント

そこを越えて社員が二百人になると、中企業の中に入ってきて、倒産確率が小さくなる。では、六〇人という危ないところを乗り越えて、二百人の規模になるにはどうしたらいいか。

小企業から中企業への脱皮というのは、これまた難しい。

ただ、そのポイントがひとつある。

どんなポイントかと言うと、社長に肩を並べる商売の才覚があり、社長に匹敵する管理能力のある社員を、ひとり獲得するということである。社長がワンマンであっても、六〇人以上の人を引っ張っていくだけの、例えば副社長だとか、専務だとか、事業部長に当たる人がもうひとりいると、単純計算で、倍の一二〇人までは大丈夫である。社長がまかなえるのは六〇人まで。社長に匹敵する経営的センス、管理能力がある人に来てもらうか、もともといるか、あるいは育ってくれれば、百人、二百人の会社の社長にもなることができるわけである。

事業部制度というのは、松下幸之助が体が弱く、ひとりずつに権限委譲して任せてやるしかないということで始まった。

事業部はひとつの中小企業のように、事業部として独立採算で経営（運営）される。そこで管理費がいくら、売り上げがいくら、利益率がいくつとやっていく。その中で、事業部長がひとつの会社の経営までできるようになってきたら、初めて、その事業部長を子会社の社長に抜擢する。そして、何年か経ったらまた会社に戻りなさいということができるわけだ。要するに、二百人の規模がまかなえるだけの番頭さんが育っている。

松下電器には、それだけの管理能力がある事業部長、あるいは部長というのがいたということなのである。それでこそ初めて、事業部制も成功するわけである。もし、せいぜい四〇人か五〇人の規模の会社で、一定規模の会社の運営方法に、幹部なり社員が慣れないまま権限を委譲すると、どういう結果を見るか。

「君たち、会社やりなさい」

「会社どうやって作るんですか?」

「いや、会社の作り方という本があるよ。あるいは司法書士さん、行政書士さんとね、税理士さんに頼むと、できるよ会社」

「はあ……」

「この本を読みたまえ」

「この漢字、どう読むんですか?」

「辞書引けばわかるよ」

「辞書って、どうやって引くんですか？」

せいぜい、その程度の従業員である。いかがだろうか？　規模が一〇人未満という会社には、そういう社員しか来ないはずである。

つまり、ものごとには順序がある。まず六〇人の規模を達成し、それを越えて二百人の規模になって、初めて権限の委譲をし、あるいは会社を任せるということができるわけで、社員が五人か六人、あるいは二〇人か三〇人しかいないような会社で社員に権限なんか委譲したら、必ず会社は潰れる。

その規模では、社長の商売の才覚が一番。その規模のことを考えなくてはいけないのである。

権限委譲のフリをしろ！

それでは、社員二〇人か三〇人の会社の場合は、権限の委譲はしなくていいのだろうか？　もう、これははっきり言って、

「無理して委譲しなくても、わしが死んだら会社が死ぬ。わしの目の黒白いうちは大丈夫だあ」

という世界である。

黒白いというのは誤植ではない。白目もあるのだから、目が黒いうちというのは間違いで、私はいつも正しく「私の目が黒白いうちは大丈夫だ」という言い方をしている……目が白くなったら白内障でもうだめ……もっと正確に言うと「わしの目が黒いところが黒く、白いところがはっきり白いうちは大丈夫だ」ということになる。

冗談はさて置いて、中小の場合は、とにかく月次決算で売り上げを上げていって、粗利が取れるような商売をしていかなくてはいけない。会社がジャンプできるか、ステップアップできるかというのは、運と社長の判断力である。

例えば、規模に対して売り上げがぎりぎりまで上がって来たとき、スケールメリットが出てきたということで、素早く、大量仕入れだとかチェーンの展開をしていくような経営の展開の仕方が上手であれば、会社は一気に伸びる。一生懸命やる社長なら、社員や番頭さんはついていく。

社長一人では社員60人までしか管理できない。それ以上は、有能な人に託すことだ。

それには、社長の商売の才覚プラス、やはり、人を魅了するような人柄だとか、面白さというものが必要である。番頭さんが一緒になってできるだけの、協調性だとか人間性のよさがなければ、会社も次の脱皮はできないだろう。

会社の規模二〇人までは、いかに社長が商売を取ってくるか、売り上げを上げるか、月次決算でどれだけ顧客を開拓するかが勝負。そういうところに来る社員というのは、本当に大したことのない社員しかいない。そこで出てくる権限の委譲というのは何か？

そんな社員に、もし仮に本当に権限の委譲をすると、間違いなく会社は潰れる。だから、権限の委譲っぽいことをするしかない。権限の委譲っぽいこととは何か？　どうすればいいかを伝授しよう。例えば社員に命令する場合も、初めから命令するのではなく、社員の意見を聞いてやる。

「これに対して、君どう思う？」

「私はこう思います」

「うーん、それでもいいけども、こういう場合はどうするんだ？」

「あ、そうですね」

もし何か任せたら、後で必ずチェックすること。社長の仕事が百ならば、社員に何か頼んだら七〇しかできないと思い定めること。つまり、社員に頼んだら、必ず三〇パーセントは仕事が欠け落ちるんだ、ということを頭に入れて仕事を任せる。その欠け落ちた三割は、自分が責任を持ってチェックをすること。二〇～三〇人の社員の場合のやり方である。

五～六人ならもっとその割合が増える。本当にできているんだろうか、本当に数値ができているんだろうか、ということを後で確認する。もし「あ、いいですね」と、その確認を忘れると、結局、その任せた相手もだめになってしまう。「おまえには任せられない！」ということになる。これは任せ過ぎである。委譲し過ぎ。異常なる委譲と言う。任せ過ぎは大変危険である。

社員は議論で育てろ！

社員に高望みをしてはいけない。

もし社長と同じようにできる人がいたら、そもそも、そういう中小の会社には来ない。さっさと独立しているに違いない。もし万が一いたとしても、途中で人を連れて行ったり、顧客をごっそり持って、独立していなくなる。さもなければ、どこかに引き抜かれてしまうだろう。

行くところがないから、ちっぽけな会社にいるのだ。これは体験からにじみ出ていることで、大体間違いないはずである。だから何でもかんでも頭ごなしにやるのではなく、

「おまえ、どう思う、どう考えるんだ」

「なるほどな、やってみたらどうだ」

とやる。しかし、必ず三割抜けていると計算した上で、さあ、どこが抜けているかなとチェックして、

「これ、どう思うんだ」

と議論をしていかなくてはいけない。知的な議論を。そうしていかないと永久に社員は育たない。そういう忍耐と間を持ってやらずに、何もかも「わしの言うとおりにしろ」だけでは、みなイエスマンになってしまうだろう。小さな会社の場合、答えを言わ

ないで、相手に考えさせるという話法から、権限の委譲というのは始まっていく。

中小の場合は、部下に権限を委譲できない。これが基本。会社の成長とともに、委譲する要素がどれだけ増えていくのかということと、社員が育っていくということを、同時に見るより他に方法はない。二百人とか三百人、さらに千人という規模になってくると、それだけの売り上げ、収益、給料、知名度、規模が備わってくるから、徐々にいい社員も入ってくるだろう。

しかし、見たことも聞いたこともないような会社で、売り上げも少なくて、社員は五〜六名。そんな会社に募集で来るのは、問題の多い質の悪い人である。質の悪い人に権限委譲なんかしたら、それは潰れるしかない。

だから一定の規模になるまで、権限の委譲ということは待たなくてはいけない。経営の本を読んで、権限の委譲が大事だと書いてあっても、「君たちに任せる」なんて言った日には、一カ月後に「君たちとともに倒産した」ということになる。中小企業の経営の実際は、なかなかセオリー通りにはいかないものである。

中国の古典で勉強するのが一番

一番重要なのは社長の資質。

やはり勉強である。社長は読書をしなくてはいけない。読むのも、恋愛小説やＳＦはいけない。少なくとも中国の古典、日本の古典である。

中国の古典というのは、すべて為政者のために書かれたものである。まつりごとをする、組織の上に立つ人が見る本だ。下っ端のために書かれたものではないのである。

そういう本を読んで、勉強することである。そして、自分と同じだけの商売ができる人間へと少しずつ育てていく。子飼いの人間に育てる。あるいはまた「あなたとなら、一緒に仕事をやってもいいですね」と本当に意気投合し、肝胆相照らすような人に出会えば、会社は大きくなっていく。本田宗一郎氏と藤沢氏の関係である。本田宗一郎氏という技術者と、経営の上手な藤沢氏が組んで、はじめて、本田技研はああなれたわけである。

そこができる社長でなくては、それ以上の規模にはならない。二百人の規模になっているとすれば、そこができているということである。そういう人物であれば、「君たち、事業部ができたから会社やりなさいよ」と言えるだろう。

数名の社員しかいない場合、そんなことはできない。しかし、そういう経営者になるんだと目標を持って、自分が学んで、とりあえず六〇人まで大きくなる。ディスカッションができる、討論ができる、人の意見が聞けるようになる。後のチェックはするけれども、人に仕事を振っていく。振った後、自分がチェックする。人を使うとは「苦」を使うことだと言う。それがある程度できれば、年々会社が大きくなるとともに、自分も経営者として育っていく。そのプロセスを抜きにして、一足飛びにものを考えたら危ない。そういう方向に行くんだなということがわかればいいことである。

未来イメージを描ける経営者が成功する

もうひとつ大切なのは、未来の方向。そのイメージである。
「今、わが社は設立して四年目で、社員は四人しかいないけれども、売り上げをとにかく上げていって、粗利が取れる仕事を持って黒字になる。利益を出し続けて、あと三年後には、おい、五〇億の会社だぞ」

メーカーの場合は、一発当たれば大きくバーンといくと言ってもいい。未来の方向をイメージしてやる。こういう知識がない人というのは、

「いやあ、もうほんとに成功している会社ってすごいな。僕にはとうてい真似できないな。どうやったらああなれるのかなあ」

と言う。それは成功へのプロセスがわからないからである。

プロセスはみな同じである。人の何倍も努力し、苦労して、たたき上げてきた。成功した経営者というのは、とにかく人の何倍も、仕事をとってきた人である。売り上げを上げるというのは、仕事をとる、受注をもらう、顧客を増やす、入金がある、それしかない。

それをわかったうえで、イメージを描く。間違っても、経営コンサルタントの話を鵜のみにしないこと。経営コンサルタントの話というのは、自分の会社との規模の違いということを、頭に入れて吸収していかないと、まずいことになる。聞いてそのまま真似

優秀な経営者とは、未来のイメージが描ける経営者である

しては危険である。

信用を勝ち取るテクニック

社員旅行というのは、なかなか大変な仕事である。

団体割り引きもあるにはあるが、労力と手間暇、旅行を計画する総務の人件費を考えると、会社側にとっては大変である。いっそ一人一万円ずつ援助して、個々バラバラに行きなさいとやるのがお勧めである。これはなかなか賢いやり方で、勝手に行けというと、社員も束縛感がなく、自由にしているようでいて、一石何鳥も会社は楽である。

最近、学校の修学旅行も変わった。それぞれグループごとに計画を立てて行きなさいというふうになっている。先生が大変だから、一種の手抜きである。大きい人数を動かすには、やはり大きく計画しなくてはならない。

しかし、中小企業にそれだけの金はないだろう。

当然、厚生設備もない。それに、いつ潰れるかわからないという危険性もあるのが中小企業である。さらに中小企業は日曜祭日もちょっと忙しい。従って、社員は自分の時間がなかなか持てない。公私混同の激しいのが中小企業である。

大企業の場合は、土日は絶対に出てこないし、祭日もあれば有給休暇もたっぷりとることができる。仕事が終わればそれで終わり。会社を出てからお客さんと遊びに行ったり、日曜日に仕事や接待をする人は、志ある人だけである。

中小企業の場合は、

「君、ちょっと大変なんだけど、来てもらえる？」

「いやあ、そうですか」

ということで、しょっちゅう駆り出されることになる。

それから、中小企業の場合、初任給が高くて上昇のカーブが緩やか。大企業の場合は、初任給は低いのだが、ぐわーんと急角度で給料は上昇していく。ではなぜ、人々は小さい会社にいて頑張るのか。

私の経験では、その理由はただひとつ。温かい人間関係である。

大企業の場合は、足の引っ張り合いがあったり、派閥闘争で蹴落とされたり、あるいはまた子会社へ冷やかな左遷があったりする。そんなことが起きるのは、大企業だからである。それなりの社会的名誉もあれば、それだけ大きな権力もある。そこを巡って戦いがあるわけだ。

中小企業の場合は、派閥闘争をしようにも、社長ひとりしかいないから、派閥も成立しない。しかし、たとえ派閥がなくても、温かい人間関係がなければ、社員はすぐにやめてしまうはずである。

公私混同にもなるだろう、厚生設備も整っていない、いつ倒産するかわからない。しかし、社長の温かい人間味と、温かい思いやりと、温かい雰囲気があって、何か居心地がいい。その人情の温かみだけでもっている場合がほとんどである。昇給率もよくない。早く出世ができるということはある。なにしろ社員は五人しかいないのだから、すぐに常務、専務、副社長も夢ではない。

よくあるケースは、五人のうち四人までが取締役で、あとのひとりが平社員というケース。私も似たようなものだった。ヒラの営業マンの上が、いきなり二〇代の常務。つまり私である。あまり若いのに役職があると、どうしたって小さな会社だと思われる。

しかし小さい会社ほど、大きな会社の胸を借りなければ大きくなれないのだ。

だから私は電話では低音でしゃべっていた。

「常務の深見さんですか」

「ああ、そうですが」

と低音で言うと、相手は大会社かと思うものである。しかも、私はなかなか取引先と会わないようにしていた。なかなか優秀な営業マンがヒラでいるということは、上にはもっとたくさんいるんだろうというイメージを持つはずである。実際には上は私。なにしろ営業は三人しかいないのだから。しかし大きな会社と取り引きする場合、東京では必ず役職を聞かれる。

「どういう役職の方ですか」

「ああ、常務をしておりますが」

電話で低音でゆっくり話して、堂々としていると、役職が偉くて大きな会社だという感じがする。実際に取引先に行くのは平社員なのだから、わかりはしない。仕事が整い、売り上げが上がって、しばらくして先方が会社へやって来ると面白い。

「ああ、どうも」

なんて挨拶をするのだが、

「おっ、こんなに若いんですか」

「ははは、若く見えるんですよ」

「はあ……」

二七歳のときである。向こうは四〇歳ぐらいだろうと、ずっと思っていたらしい。二七歳でも、低音でゆっくり話せば年とっているような感じがする。会っては不利になる。こんな若い人がやっていて、本当に大丈夫なのかと思われるに決まっている。若さは信用されないのだ。

会社を始めた直後に、信用調査でひどい点がついたことがある。それで、いったいどういうふうに信用調査をするのか、自分の会社を信用調査したことがあるのだ。

それで、どこにマイナス点をつけられるのかが分かった。上に立っている人が若い。社歴は三年未満で新しい。会社の場合、三年未満はすべて新しいのだ。会社の社屋は民家だから信用できない。資産もないようで、経営者は若くてだめと出た。

そういう信用調査をしてから、要するに経営者は年をとっていたらいいんだなということがわかった。そういうところをチェックするんだということがわかって、次からは一発でOKである。

「社歴は三年と○○カ月です。私は若造ですから。私たちの経営者は非常に係数を尊重する経営者です」

「ああ、それがいいんですよ」

「係数に明るい」というのが一番点数がいい。信用調査の場合は、夢とロマンなんか語るとだめ。「係数に明るい」と言えば、社長として理想的であるなんていうところに丸がつく。信用調査は絶対いい。コツがわかったのだ。それからは、もう何回調査されてもばっちりOKだ。

温かい人間関係は言葉が作る

話が横道にそれたが、とにかく、中小企業は、その温かい人間関係がすべてである。

少人数だから出世が早いと言っても、出世が早いから中小企業にいるということはまずあり得ない。社長が優しくて、温かい思いやりがある、そして温かい人間関係があれば、中小企業の社員はいつくものである。もしこれが冷たい人間関係だったら、ぷつんといなくなってしまう。

大企業との違いはこれしかない。「居心地がいい」これにつきる。そして、温かい人間関係というのは、温かい人間関係だと感じさせる何かが必要である。まったく経費をかけずに、温かい人間関係を作る近道というのは、なんと言っても、もうこれ。言葉である。

「ばか者、おまえなんか死んじまえ」

なんて言ってはいけない。

「君のことを思って言う。本当は言いたくはないんだけれども、苦いことも言わなくちゃいけない。これもお父さんの愛だと思って聞いてくれんか」

「遅刻は一時間以内にしてくれよな」

「早引きするときは電話一本してくれよな。そうじゃないと、事故にでも遭ったのかと心配で、夜も眠れないじゃないか」

「はあ、すみませんでした」

同じ言うのでも、そういうふうに言う。経費はまったくかからない。それで、

「ああ、僕のことを思いやってくれているんだな」

と感じてもらえる。どんなに思いやっていても、言葉に出なくてはわからない。夫婦仲・恋人の仲と同じことである。

エスキモーに氷を売れるセールスマン

テーマがそれるが、言葉がいかに重要かということを、別の面から解説しておきたい。「言葉」と言ったときに、真っ先に頭に思い浮かべるのは、私の場合、セールスマンである。

私も昔、健康機器の訪問販売を何年かやったのだが、健康機器の訪販というのは、それこそ犬猫扱いされる職業である。その中で「それー！」と言ってる訪販の社長という

のは、非常に魅力のある、個性的な人が多い。

訪販の成功要素を一言で言えば、これ口先。言葉が出てこないトップセールスマンなんかいるはずもない。

「うん、うん、あ」

「これ、パンフレット」

絶対に売れない。セールスマンの極意とは何か。北米のイヌイットに氷を売ったり、アフリカや太平洋の赤道直下の人たちに毛布を売ったり、そういうことができるのが本当のセールスマンである。

たしかS電機のセールスマンだと思うが、

「とにかく冷蔵庫を売ってこい」

と言われて、電気の通っていないところに、冷蔵庫をなんと三千台も売ったそうである……置物として。

「木にこうくくりつけると、盗難よけになるんです」

「ほう」

「これはコンセントといいまして、ひもがとれにくいでしょう。雨でも大丈夫なように、ビニール加工をしてあるんです。物を置きますと、きれいでしょう？　S電機ではスチールの美ということを追求しておりまして、ここに物を置くと、ほら、本当にきれいですよ。見てください。この冷蔵庫というものは、首狩り族のみなさんが首をお切りになった後、礼儀正しく人の首を貯蔵していくところでもあります。そうすると怨霊が消えるんですよ！」

日本でS電機といったら、はっきりいってマイナーである。AV機器ならソニー、松下、東芝、日立。S電機を好んで買う人はいるだろうか？　おそらくジャングル大帝が好きな人しか買わない。だから海外で売っている。

それと、何度も書くがM自動車の営業マン。これは偉い。よくこんな売りにくい商品を売っているといつも感心する。なにしろロータリーエンジンは軸が磨耗する。M社はデザインが悪いの二重苦である。最後には、

「とにかく、わが社は誠意なんです」

とでも言うしかない。M社の営業マンを見たら、欲しくない車でも買ってあげようと

いう気になってしまう。

それに引き替え、H社のセールスマンはいただけない。会社でなけなしの金をはたいて、初めて車を買ったときのことである。私は運転しないのだが、あらゆる車をチェックして、とにかく全部のディーラーを呼んだ。その中で一番生意気で腹が立ったのが、H社の営業マンである。売ってやるという態度が見え見えで鼻持ちならないものであった。

「技術のわが社が……」

「それで?」

「乗ればわかりますよ。窓がこういうふうになってて……」

「うん、それで?」

「もう品切れ状態なんですよ。無理に買っていただかなくても……」

「君ねえ、技術、技術と言うけれど、技術はすぐに真似されるんだぞ。過当競争になったときに、君みたいな生意気なやり方してたら、絶対にH社は行き詰まる。やがて自分の資質を反省するときが来るだろうよ。君のは死んでも買わんから、帰ってくれ」

と、営業マンを追い返したことがある。その後、H社は私の言ったとおりになった。営業マンを一万何千人かに強化するというので、工場の人間と、技術の人間が販売に駆り出されている。セールスマンの出来不出来というのは、経営を左右するものなのである。

集約深耕

その点、トヨタは製品がよく、サービスがよく、営業マンが優秀。そして集約深耕が有名である。集約して深く耕す。蛇の目ミシンもそうだが、同じところをクマのようにぐるぐる回るのだ。ドアを開けたら最後。閉めようとしても、足をぱっと入れて閉めさせない。


「あっ、奥さん、もう車検が切れています」

「いいんですよ。うちは日産のですから、いいんです」

「わかりました」

と言いながら、それでもドアにぱっと足を入れている。

「奥さん、ホンダはどう頑張ってもモーターバイク屋ですから、サービスになりますと必ず不満ができます。日産も技術ですけれど、いったん車を買ったら、トヨタのサービス網にかなうものはありません」

「もう、閉めますから」

と言っても、足を入れているから閉められない。そのすき間からずうっと、

「奥さん、ホンダはバイク屋ですから。トヨタの場合はトヨタ自販がありまして、サービス体制はばっちりです。エンジンもいまや燃費が、なんとリッター○○キロになってるんですよ。わかってます？　乗る人のことを考えたら、絶対トヨタですよ。みなさん、いったんトヨタに変えると、必ずわかっていただけます！」

それだけしつこくやっていれば、嫌でも、

「そうか、ホンダはモーターバイク屋さんか。サービスのときはやっぱりトヨタのほうがいいのかな」

なんて知識が入ってしまう。集約深耕恐るべし、である。

感動トークが会社を救う

さて、話を本題に戻すが、言葉というのは経費がいらない。ちょっと訪販で鍛えたおじさんというのは、人を泣かせる言葉をたくさん持っている。社員を感動させる言葉を吐く能力を持っているものだ。だから、温かい人間関係を築くのにも長けている。そういった苦労をしたことがない人が上に立つと、なかなか社員をつなぎとめることができないのだ。

私も、健康機器を売りに、ガソリンスタンドへ行ったり、税務署に行ったり、魚河岸に行ったりした。魚河岸というのは現金があって、体を使う職場である。タクシーも個人営業は金を持っていて、健康を大事にする。品物というのは、とにかくアピールと言葉。セールストークができなくてはいけない。それができたら社員の心も感動させることができるのだ。温かい人間関係というのは、そういうセールスで鍛えた言葉、トークによって作られる。

これは、神道で言えば言霊《ことたま》の力である。

経営者の言葉は、何も社員との関係だけに必要なのではない。

例えば、技術、技術、コスト、コストでやる会社は、やがてより技術の進歩したところ、よりコストの安いところに客をとられてしまう。ところがセールストークと言葉ができていたら、温かい人間関係というのは、社員だけでなく、販売先、仕入れ先にも広がっているものなのである。

「おい、こういう値段じゃないと、ライバルが来てるよ」

「今、こんな技術がなくちゃやっていけないよ。こういうのを持ってきなさい」

と教えてくれる。急いでそれを仕入れてきたらいいのだ。そうでないと、売り上げが上がらないし、販売実績が落ちてくる。

そういう意味でも、中小企業の社長というのは、本当に言霊の勝負。悪い言葉で言えば、口先三寸が大切である。少なくとも、仲の悪い奥さんを改めてべた惚れにさせるくらいの話術がなければだめだ。何もないところから何かを生んでいくにはこれしかない。

しかし、ここに真実の重みがこもらなくては、何にもならない。つまり、真実なる真心と、そして「行い」がなくてはいけない。それがないことには、「うちの社長、言うだけなんだよな」ということになる。

社長の言葉が本当なんだということを「実行」しなくてはいけない。

ただ、断っておくが「実行」が尊いのではない。言葉のほうが大事。その言葉が虚言ととらえられたり、誠意とか、誠実さが感じられなくなると、言葉が生きなくなる。その意味での「実行」が必要なのである。

どんなに実行していても、「あ、頑張れ」では社員はいなくなる。言葉のほうが先。少々ボーナスを出したところで、「あんたのところではやっていけません」と、すぐにいなくなってしまうだろう。

「この不況の中で、わが社がこんなに健闘しているのは、ひとえに社員の君たちのおかげだ。ここはもう思いきってボーナスは五カ月と思ったけれども、なかなかそうもいかん。他社と比べてみたら、中にはボーナスが出ないところもあったけれど、うちは出ないということは申しわけないんで、最低でも一カ月。と思ったけれども、○・八カ月しか出せない。そのかわり、わしは給料は半分にするから。○・八カ月のボーナスしか出せないけどね、これは好景気のときの五カ月分ぐらいの値打ちがあるんだよ」

景気のいいときだって二カ月しか出したことがなくても、社長たるもの、そう言うべきである。例え〇・八カ月のボーナスでも、その言葉で「ああ、出ただけありがたいな」と社員は思う。そして「頑張ろう」と思うわけである。だから少しは出さなくてはいけない。「実行」もなければ、これは嘘だと思われる。しかし「実行」よりも言葉のほうが大切。言葉を裏づけるための「実行」なのである。

そして最後に書いておかなくてはならないのが、継続である。言い続けること。「我が社はこれから伸びていく。君たちのことを僕は本当に思っているんだ」と、こう言い続ける。そして「実行」し続ける。会社に被害がない程度に。もし、会社が出せる実行が少なければ、その三倍言葉を出せばいい。言い続ける。継続する。こうしていくと、温かい人間関係ができ上る。来年はハワイ旅行に行くんだという目標を設定したら、社長は言う。

「ところが、この不況だからな。ハワイも行きたくてしようがない。しかし、これは四年後にして、今年は申しわけないけど、キャバレーハワイに行こう。しかし、ハワイには一歩近づいているぞ」

と言えば、「実行」はキャバレーハワイだけれども、とにもかくにもハワイのシリーズである。翌年は「ハワイアンバンドのところへ行こう。二歩近づいているから、あと二年後には必ず行く」と言う。言い続けておれば、やがてそのうちに本当のことになる。

そういうふうにして私も社員を束ね、何もないところからやって来た。

中小企業のたどるべき道筋を、まさに身をもって体験してきた、私のノウハウである。

人は石垣、人は城。それが経営者の極意であり、中小企業経営の重要なポイントなのである。

深見東州（半田晴久）Ph.D.

株式会社 菱法律経済政治研究所 代表取締役社長。

1951 年、兵庫県生まれ。

カンボジア大学総長、政治学部教授。

東南アジア英字新聞論説委員長。

東南アジアテレビ局解説委員長。

中国国立浙江工商大学日本文化研究所教授。

その他、英国、中国の大学で客員教授を歴任。

社団法人日本ペンクラブ会員。現代俳句協会会員。

声明の大家（故）天納傳中大僧正に師事、天台座主（天台宗総本山、比叡山延暦寺住職）の許可のもと在家得度、法名「東州」。臨済宗東福寺派管長の（故）福島慶道師に認められ、居士名「大岳」。

国内外に十数社を経営し、実践派経営コンサルタントとして
多くのシンポジウム、講演会を主宰、
経済・政治評論活動を行っている。

人生論、経営論、文化論、宗教論、書画集、俳句集、小説、詩集などの
著作も多く、『「日本型」経営で大発展』、

『UNDERSTANDING JAPAN』や、
150 万部を突破した『強運』をはじめ、
文庫本を入れると著作は 270 冊以上に及び、
7 カ国語に訳され出版されている。

(120824B)

深見東州(半田晴久)の人気TV番組

●「サクセス登龍門」　—夢へ！学《まな》ビジョン—

メインキャスター半田晴久が、夢に向かって真摯に生きる若者を迎え、彼らが直面する問題の解決法や、挫折から立ち上がるヒントを与える！

※詳しくは「サクセス登龍門」番組公式サイト（http://s-touryumon.com/）をご覧下さい。

（平成24年10月現在）

深見東州氏が所長を務める経営コンサルタント会社「株式会社　菱《びし》法律経済政治研究所」では、経営相談、各種セミナー等、様々な活動を行っております。資料パンフレットもございますので、詳しくは下記連絡先までお問い合わせ下さい。

株式会社　菱《びし》法律経済政治研究所（略称 菱研《びしけん》）
〒 167-0053　東京都杉並区西荻南 2-18-9　菱研ビル 1 階
フリーダイヤル　0120-088-727
電話　03-5336-0435　　FAX　03-5336-0433
メールアドレス　bcc@bishiken.co.jp
ホームページ　http://www.bishiken.co.jp

たちばなビジネスコレクション

ビジネス成功極意

平成13年6月30日　初版第1刷発行　　　定価はカバーに記載しています。
平成24年11月30日　　　第2刷発行

著　者　深見東州
発行者　本郷健太
発行所　株式会社　たちばな出版
〒167-0053 東京都杉並区西荻南2-20-9　たちばな出版ビル
TEL 03-5941-2341(代)　FAX 03-5941-2348
http://www.tachibana-inc.co.jp/
印刷・製本　萩原印刷株式会社

ISBN4-8133-1331-0

本書は、平成八年九月に弊社より発刊された
『ビジネス成功極意』を改訂したものです。

たちばな　ビジネスコレクション

●史上最強の経営論

絶対成功する経営

深見東州

絶対に倒産しない、必ず利益が上がるという理論と実践ノウハウがあった!

定価1365円

●実体験成功経営術

本当に儲かる会社にする本

深見東州

今まで誰も解かなかった経営の真髄を公開した、唯一無二の経営指南書。

定価1365円

●成功する会社、失敗する会社を見事に解明

これがわかれば会社は儲かり続ける

深見東州

倒産知らずの実践的経営法を、余すところなく大公開。会社の運気が根本から変わる。

定価1365円

●世界経済のトップに返り咲くその鍵を解く

「日本型」経営で大発展

深見東州

世界が注目する日本発展の秘密を、神道思想により分析。日本経済の再生を計る。

定価1365円

●この本を半分まで読んだ人はすでに売上げが上がっている
ビジネス成功極意
深見東州
いかなる人にもわかりやすく成功極意を明かす、ビジネスマン待望の書。
定価1365円

●大物経営者は皆信仰を持っていた
成功経営の秘訣
深見東州
これこそ繁栄の経営法則！　ビジネスと神力の関係を具体的に解明。
定価1365円

●仕事ができ、才能を生かすノウハウが満載！
超一流のサラリーマン・OLになれる本
深見東州
こんなサラリーマン・OLなら、是非うちの会社に欲しい！
定価1365円

●ビジネス成功の鍵はコレだ！
経営と未来予知
深見東州
予知力を磨けば、どんな状況におかれても成功する。その秘訣とは。
定価1365円

●今まで誰も知らなかった、経営の極意が満載！
中小企業の経営の極意
深見東州
中小企業の経営を次々に成功させた著者が、その豊富な経験をもとに、厳しい時代を生き抜く成功経営の極意を明かす！
定価1365円

スーパー開運シリーズ

●150万部突破のミラクル開運書――ツキを呼び込む四原則

強運

深見東州

仕事運、健康運、金銭運、恋愛運、学問運が爆発的に開ける。神界ロゴマーク22個を収録!

特別付録「著者のCD」付き!!

定価1050円

●63万部突破の金運の開運書。金運を呼ぶ秘伝公開!

大金運

深見東州

読むだけで財運がドンドン良くなる。金運が爆発的に開けるノウハウ満載!

特別付録「著者のCD」付き!!

定価1050円

●31万部突破。ついに明かされた神霊界の真の姿!

神界からの神通力

深見東州

不運の原因を根本から明かした大ヒット作。これほど詳しく霊界を解いた本はない。

特別付録「著者のCD」付き!!

定価1050円

●20万部突破。現実界を支配する法則をつかむ

神霊界

深見東州

人生の本義とは何か。霊界を把握し、真に強運になるための奥義の根本を伝授。

特別付録「著者のCD」付き!!

定価1050円

●26万部突破。あなた自身の幸せを呼ぶ天運招来の極意

大天運

深見東州

今まで誰も明かさなかった幸せの法則。最高の幸運を手にする大原則とは!

特別付録「著者のCD」付き!!

定価1050円

●瞬間に悩みが消える本

解決策

乗り越えられなかったあなたの悩み事を、神道禅が一刀両断に断ち切る！

定価1050円

●あなたは常に守られている！

背後霊入門

背後霊のことから霊界知識までもが満載の充実の一冊。

定価1050円

●どうしたら幸せになるのか？

あなたのしらない幸福論

善と悪、親と子、愛と憎しみなどさまざまな角度から人生が見えてくる一冊。

定価1050円

●「週刊ポスト」「女性セブン」で連載された

3分で心が晴れる本

恋愛、結婚、仕事、人間関係あらゆる解決の糸口がここに！

定価1050円

●パワースポットの元祖で大御所の深見東州が贈る

全国の開運神社案内［並装版］

ここに参拝すれば間違いなし！　強力なご神徳を授かるパワースポットを日本全国から厳選！
特別付録「著者のCD」付き!!

定価1890円